發掘洞見

《華爾街日報》NO.1暢銷作者新作！
用SIFT破框思維，解鎖更多可能，發現新藍海

NON-OBVIOUS THINKING
HOW TO SEE WHAT OTHERS MISS

羅希特‧巴加瓦 ROHIT BHARGAVA｜班恩‧杜龐 BEN DUPONT ── 著　謝汝萱 ── 譯

更多讚譽

「突破思維盲點的非顯見之道！」
——湯尼・羅賓斯（Tony Robbins），
《紐約時報》暢銷書榜首作家

「社會的任何重大躍進或革新，皆源於非顯而易見的思維。每個為自己或社會尋求這類躍進的人，都一定要讀這本書。」
——薩爾・可汗（Sal Khan），可汗學院創辦人暨執行長

「如果我必須選擇一套技能來協助員工遠離解雇危機，協助創業者在瞬息萬變的經濟中壯大企業，那就是非顯見思維。羅希特以其典型風格帶來了清晰、活力與效用，同時教我們學會二十一世紀的元技能。」
——潘蜜拉・史蘭（Pamela Slim），
《工作本質》（*Body of Work*）與
《最廣大的網路》（*The Wildest Net*）作者

「聰慧睿智！」
——阿德里安・田納特（Adrian Tennant），
「非顯見一字書評」專案優勝者

「敏銳而富啟發性！」

——史考特‧奧斯曼（Scott Osman）與
賈桂琳‧連恩（Jacquelyn Lane），
教練100機構（100 Coaches Agency）共同創辦人

「在回聲室效應與確認偏誤的時代，本書將開啟你的眼界，如當頭棒喝，啟發你擴大思維格局。」

——丹尼爾‧品克（Daniel A. Pink），
紐約時報暢銷書榜首《動機，單純的力量》（Drive）、
《未來在等待的人才》（A Whole New Mind）、
《後悔的力量》（The Power of Regret）作者

「切勿成為顯見思維的統帥！如果你曾質疑如何以更卓越、更不同的角度去觀看、創造、思考世事，《發掘洞見》就是你在尋找的動機與手冊，不僅趣味盎然，而且完全可行！」

——多莉‧崔（Dolly Chugh），
紐約大學史登商學院教授、暢銷書作家

「令人著迷、大開眼界的讀物，協助你以更長遠的眼光觀察世界。透過饒富興味的故事與迅速的成效，羅希特與班恩為我們提出了打開思維，真正擁抱非顯見思維的出色方法。」

——多利‧克拉克（Dorie Clark），
暢銷書《長線思維》（The Long Game）作者

「有人說，事物再怎麼顯而易見，也要等別人指出來後，你才會看見，而這往往阻礙了我們解決複雜問題、開啟更多機會的能力。所幸羅希特與班恩提供了我們一個剖析人類認知的機會，讓我們能清楚看見一切。」

——馬可斯・科林斯（Marcus Collins）博士，
《文化力》（*For the Culture*）作者

「羅希特與班恩提出了一連串精彩的故事，對任何想挑戰顯見思維的人，皆具有切身意義。本書富教育性，發人深省，令人驚嘆。」

——克里斯・蓋森斯（Chris Gheysens），
瓦瓦公司（Wawa, Inc.）董事長與執行長

「我參加過幾場班恩・杜龐的非顯見餐會，與天生有好奇心的人齊聚一堂對話，探索如何以非顯見思維來思考世界，過程中樂趣無窮。來發掘非顯見思維帶來的可能性吧。」

——約翰・史考利（John Sculley），創業家、蘋果公司前執行長

「成功的關鍵在於能夠察覺到人們的言外之意。對任何有意改善其結緣能力的人，這本節奏明快的手冊能改善你的直覺，必能有所幫助。」

——艾芮卡・達旺（Erica Dhawan），
《數位肢體語言讀心術》（*Digital Body Language*）作者

「此本自助指南不僅帶來助益,更饒富趣味。有時使人大開眼界,有時則挑戰既有思維。本書篇幅不長,但精彩有趣,是尋找創意解答的機智地圖。在包羅萬象的『非顯見趨勢』系列中,是又一本助益良多的指南。」

——《柯克斯書評》(Kirkus Reviews)

「質疑既定假設、看見新可能性的指南,讀來令人愉悅。」
——亞當・格蘭特(Adam Grant),
紐約時報暢銷書榜首《逆思維》(Think Again)、
《隱性潛能》(Hidden Potential)作者

「本書舉足輕重,我大可一開始就這麼說——這是肺腑之言。但我不會這麼說。不如說『本書從頭到尾都充滿喜悅,我讀得很開心』這樣如何?我讀到第二十五頁時,已嘗試了五件從未嘗試過的新鮮事。我選擇以『喜悅』與『開心』這兩個詞來為它背書。這是一本了不起的著作。拿起來玩個一百遍再放下吧,多嘗試新鮮事。棒透了!」

——湯姆・畢德士(Tom Peters),全球暢銷書榜首
《追求卓越》(In Search of Excellence)作者

「本書富想像力與創意,最重要的是趣味盎然。本書在我看來『顯然』是一本值得共賞的必備讀物。」

——查爾斯・埃爾森(Charles Elson),
德拉瓦大學公司治理學伍拉德主席

「世上充滿了顯而易見的事，只是人們從不去注意。」

——夏洛克・福爾摩斯（Sherlock Holmes）
《巴斯克維爾的獵犬》（*The Hound of the Baskervilles*），
柯南・道爾（Conan Doyle）著

NON-OBVIOUS THINKING: HOW TO SEE WHAT OTHERS MISS

Sift / *sift* /：細究（動詞）

徹底檢視某樣事物，
篩出其中最重要或最有用的精華。

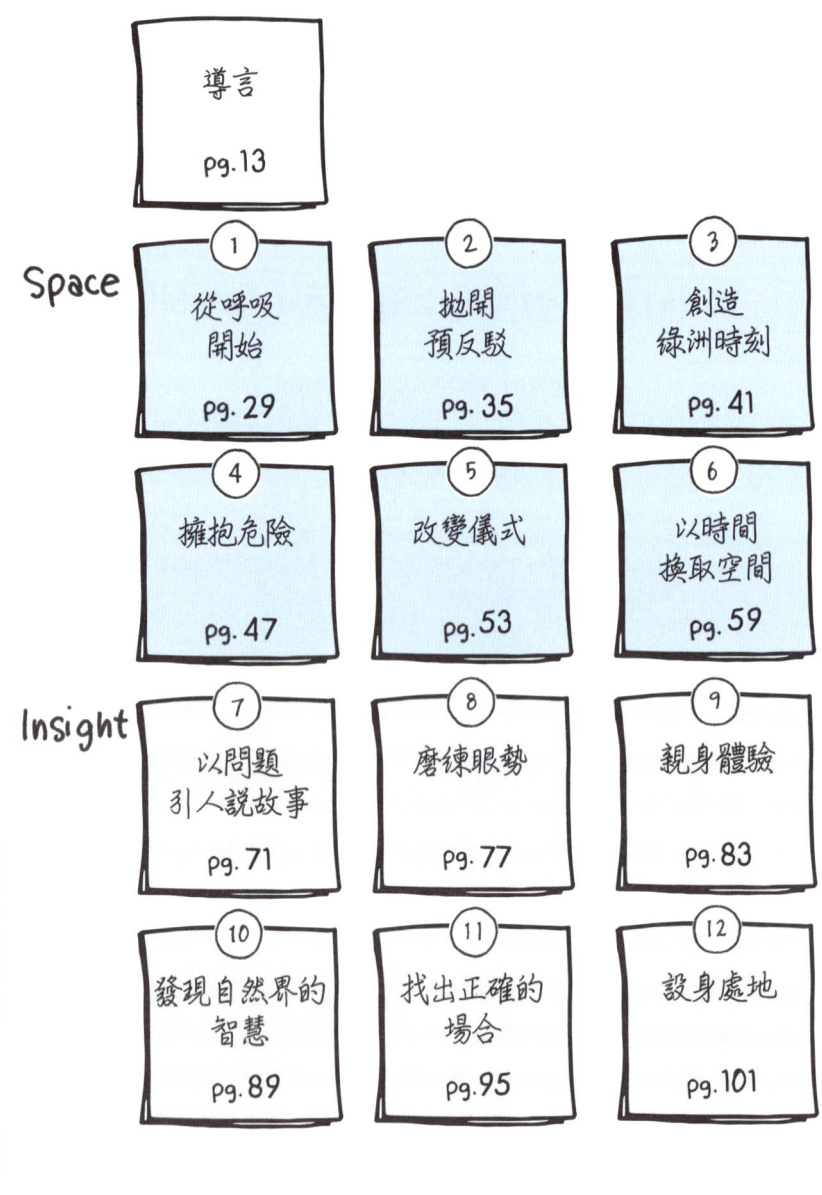

BOOK STORYBOARD

Focus

⑬ 辨識真正的問題所在 pg.113	⑭ 發現水分 pg.119	⑮ 成為滿足者 pg.125
⑯ 看見事物的另一面 pg.131	⑰ 為自己設限 pg.137	⑱ 創意增幅 pg.143

Twist

⑲ 逆向思考 pg.155	⑳ 尋找選項C pg.161	㉑ 研究謎題 pg.167
㉒ 對立思維 pg.173	㉓ 交叉思考 pg.179	㉔ 創造自己的密語 pg.185
結語 pg.191	建議參考書單 pg.195	非顯見注釋 pg.201

導言

　　一個週日下午,八萬名聚集在墨西哥城最大體育館的觀眾,意外見證了歷史。那是 1968 年夏季奧運的最後一天,群眾正等著跳高比賽的最後幾位選手上場。

　　在三位運動員中,有兩位顯然是奧運老將。

　　俄羅斯傳奇運動員瓦列里・布魯梅爾(Valeriy Brumel)是本屆奧運迄今的優勝者,奪冠呼聲最高。緊追在後的是美國選手愛德・卡魯瑟斯(Ed Caruthers),這位世界級運動員同時也是國家美式足球聯盟(NFL)的一員。看起來敬陪末座的第三位選手是一名高高瘦瘦的工程系學生,名為迪克・福斯貝里(Dick Fosbury),當天早上他才穿著左右腳不同的鞋,參加這場他畢生中最盛大的全球競賽。

　　儘管貌不驚人,福斯貝里卻成了當天的全場焦點,原因在於他的技巧不同凡響。

直到那時以前,傳統跳高採用的是剪刀式技巧,一腿先過桿子,另一腿再跟上。但福斯貝里的方法不同。他跑向橫桿,然後轉身,面向天空以背部越過桿子。人們名之為「福斯貝里跳」。

那一天,福斯貝里以 2.24 公尺刷新奧運紀錄——贏得了金牌。從那天下午以後的五十多年來,幾乎每位跳高獎牌得主都是以福斯貝里的技巧跳高。福斯貝里以背越式跳法背離了傳統方法,創造了獲勝的新途徑。

科幻電影《一級玩家》(*Ready Player One*)的故事發生在地球千瘡百孔、人們為了逃離嚴酷的現實而沉浸於虛擬宇宙的世界。怪咖天才詹姆士・哈勒代(James Halliday)宣布展開一個全新的電子遊戲比賽,過關者將繼承他的上兆財產。

韋德・瓦茲(Wade Watts)是這場虛擬尋寶遊戲的眾多玩家之一,他遇到的第一個任務是一場看似獲勝無望的賽車。多年來,從沒有玩家通過這項挑戰。但我們的主角韋德靈機一動,比賽開始時,他沒有往前衝,反而

停下車子,立刻倒車。那出其不意的選擇解鎖了新路線,使他避開了其他人面臨的障礙,最後贏得比賽。

韋德藉由改變視角，解鎖了一條迄今無人發現的隱藏路線，通過了競賽的第一關。

———————

喬伊・布蘭薇妮（Joy Buolamwini）得要戴上白人的面具才能被看見。身為麻省理工學院的電腦科學研究生，她訓練社交機器人辨識臉部，過程中她意會到，機器人使用的通用軟體多半辨識不出她的膚色。這是一種內建於臉部辨識系統的演算法偏見，她將這問題稱為「編碼凝視」（coded gaze）。

布蘭薇妮的解決之道是發起運動，促進更具包容性的科技。她成立演算法正義聯盟（Algorithmic Justice League），此一組織已成為技術專家與公民們回報演算偏見經驗的會合點。

布蘭薇妮的影響力獲得了認可，入選為全球「最有創意人士」（Most Creative People）之一。她的工作影響了全球的新立法，啟發了企業內各族群團體的使命，並成為網飛（Netflix）的獲獎紀錄片《編碼偏見》（*Coded Bias*）的主角。

從表面來看，一場出乎意料的奧運比賽、一名虛構的少年玩家、一位不被看見的電腦科學家，三人之間似乎沒有什麼共同點，但他們都試著完成極具挑戰性的任務：**發掘其他人所遺漏、非顯而易見的解決之道**。

看見他人所看不見的東西

　　偵探小說的主角通常會從眾多小線索的累積中，拼湊出唯有他們能提出的一套理論。而我們就像優秀的懸疑小說中那些粗線條的次要角色，因為某些事太醒目，反而漏掉了乍見之下不重要的小細節——這些細節儘管不起眼，最後卻成了破案的關鍵線索。

　　福斯貝里察覺到，跳高比賽使用的海綿著地墊，為運動員提供了安全著地的機會，這是以往所沒有的。他的觀察引導他發展出自己著名的福斯貝里跳……並贏得了金牌。

　　韋德運用他對哈勒代人生的所知，解開了虛擬賽車的關鍵。他記起自己讀過哈勒代虛擬日記中的一個小細節，後來證明那是瞭解哈勒代的線索，使韋德做出了另闢蹊徑的選擇，從比賽勝出。

　　布蘭薇妮則是在實驗室從事機器人研究時，因為膚色而體驗到被臉部辨識系統軟體忽視的挫折，從而投入演算偏見的研究。她領悟到那段體驗具有真實生活的後果，激勵了她做出改變。

　　上面所提的人物都不是天才，也不是世間罕有的能人。相反的，這些真實與虛構人物的故事，呈現出他們是如何教自己注意被他人忽略的細節。要做到這點，就要從觀察開始，但要觀察的還不僅是身邊的細節而已。

導言

{ 本書目標是教導各位如何克服盲點,成為更有原創性的思考者。 }

我們將這種能力稱為**「非顯見思維」(non-obvious thinking)**。對這種思考方式的追求,形塑了我們兩人的專業生涯。

尋求非顯見的點子

羅希特尋求非顯見點子的念頭,起自他在全球最大的一間廣告公司任職的時期。當時他隸屬於一個非常工作小組,職責是運用行為科學來研擬新方法,創造出更強有力的行銷策略。

這種研究人類行為與影響的深度工作,引導羅希特在隔年發表「非顯見趨勢報告」(Non-Obvious Trend Report)。這份報告迅速在二十萬多名專業人士之間瘋傳,成為他每年出版的暢銷「非顯見」書系的跳板,該系列預測未來十年的趨勢,至今已累積百萬名以上的讀者。

羅希特在其研究與著作中探索非顯見點子的同時,班恩也建立了以非顯見思維為主的深度交流社群。過去二十年來,他的年

度「非顯見餐會」廣邀美國參議員、執行長、諾貝爾獎得主,以及創業家、音樂家、高中學生等參加,一同想像更美好的未來。

> **最好的點子往往來自始料未及的地方:由非專家所提出的外人視角。**

在每場餐會中,參與者都要分享他們對改變世界最「非顯見」的點子。每一桌人都要選出他們最喜歡的點子,再由所有在場者決定當晚最重要的點子為何。過去十年來獲得殊榮的非顯見點子包括:將高等教育轉變成三年期的校園體驗、使用「數位廢氣」(digital exhaust,譯註:人在網路上的所有活動產生的數據總和)來治療癌症,還有子孫離家或尋求不同人生時,家族企業如何從小鎮企業中尋找接班人(所謂的「接班危機」)等。

無論是舉行非傳統聚會,還是訪談尖端新科技的研究員,我們的工作提出了一種細膩觀察的角度,使每個人都能細觀心智運作的精彩之處。多年來,我們兩人都執著於從世上最聰明、最有創意的人所提出的非顯見點子中,記錄我們所學到的心得。是哪些心態與習慣,使他們做出他們所做的那些事?他們如何知道別人並不這麼做?更重要的是,他人是否能經由訓練與練習,學到如何以他們那種方式思考與觀察事物?

這種執著引領我們合作寫下本書,因為我們相信,人人都能

成為非顯見思考者。

SIFT框架

糕點師傅都知道，要烤出鬆軟綿密的蛋糕，其中一個訣竅是將乾原料過篩。篩麵粉不僅可以篩掉團塊，還可以在去掉雜質時混入空氣。過篩的好處是一個完美的比喻，可以用來描述你要如何以更非顯見的方式思考。「sift」（篩濾）除了是烘焙術語，在本書中還有另一個涵義：**去蕪存菁**。

這個衍生涵義引領我們將這個詞當成一個值得記住的縮略詞，代表著我們在本書中教導的方法。我們的目標是協助各位成為非顯見思考者，從使用以下的 SIFT 方法開始；

{ 在發現別人所遺漏的細節之前，你必須先培養心智靈活度，敞心接納新觀念。}

這段過程要從創造更多空間（Space）開始。空間是使心智更靈活，讓非顯見思維更可能出現的暖身操。在第一部中，各位會讀到經證明有效的創造空間技巧，如換一個呼吸法、揭露你的心智偏見等。

一旦你學會如何創造更多空間，在第二部，你會學到如何發掘洞見（Insight）。洞見超越了眼前的表面世界，為其底下的來龍去脈提出解釋。發掘洞見通常要從提出更好的問題開始。

學會如何蒐集洞見之後，接著你必須將注意力集中在最重要的事情上。在第三部，你將學到去蕪存菁（Focus）的技巧，包括排除種種旁騖的新建議，使你能從不同於以往的視角看待事物。為協助你做到這點，我們將分享發現既有模式、迴避選擇障礙、設限以增進創意的技巧。

我們想將 SIFT 框架的最後階段稱為觸類旁通（Twist）。這是你刺激自己進一步思索的時刻。如果你走到這一步的心智之旅有若跳高，那這就是你把竿子撐得更高一些的時刻。你這麼做並非僅是為了一己之利。打開心智看見新視角、迎接非凡思維的影響力，可能具有遠超過我們任何人所能領略的意義。

我們需要非顯見思考者

在社交媒體演算法加深社會對立的這個時代,我們的文化亟需更多非顯見思考者。固有的解決之道很少能解決新問題。我們需要的是能看見他人所看不見的地方、提出問題,並推翻顯而易見的現狀者——具有同理心,懂得設身處地,而不將他人的觀點看成誤入歧途的人。

{ 這世界需要更多非顯見思考者。}

非顯見思考者是能提出大膽、原創的點子、推動大家前進的激勵者——擁有將點子付諸實現的勇氣與決心。他們是使世界更美好的人。地球上的每個國家,都渴求著更多的非顯見思考者。

你也可以成為這樣一位思考者。本書將為你指出明路。

PART 1
創造空間

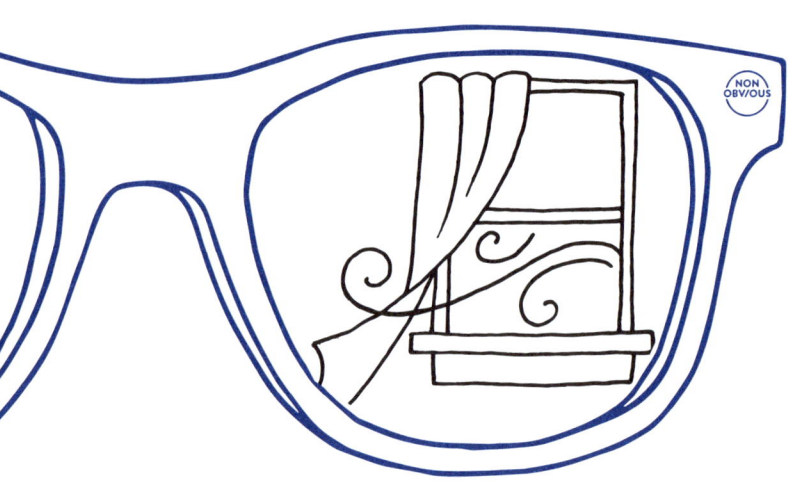

創造空間

2019 年的最後幾天,就在新冠肺炎造成全球大流行的幾個月前,CNN 提出了過去十年來最有影響力的書籍清單。在小說與回憶錄之外,只有一本書承諾改變你的人生——從教你如何折襪子開始。

日本整理專家近藤麻理惠(Marie Kondo)的著作《怦然心動的人生整理魔法》(*The Life-Changing Magic of Tidying Up*)一出版即轟動全球,賣出了數百萬本,甚至啟發了網飛的一系列節

目。這本書與節目告訴大家如何減少生活中的蕪雜凌亂，詢問自己擁有的物品能否帶來喜悅……並把無法帶來喜悅的物品扔掉。其主旨是留下在你心中最珍貴的事物，捨棄你並不重視的東西。

生活中需要減少的蕪雜，遠遠不止於衣櫃。科技確保我們時時跟上潮流，但我們仍感覺自己疏離。娛樂的需求始終存在，無論我們要不要，也總是有「突發」新聞出現。這一切都讓我們覺得，留給自己的時間似乎變少了。

{ **設法找出更多時間，減少蕪雜冗贅，無法保證我們更能深入思考，或擁有更深的滿足感。** }

對時間的常見執著，使關於如何管理時間的忠告傾囊而出，成為自助產業的一大範疇。暢銷書啟發了現場研討會、實境秀、熱門播客，討論如何減少一週的工作天數，辭掉日間工作，甚至用心折襪子等，進而簡化人生。

這些建議與生活小撇步背後的信念是，擁有更多時間，自然能帶來更多產能，更幸福的生活、更創新的思維。可惜的是，要刷新人生，獲得快樂，絕非如此輕而易舉。

「創造空間」不僅是指創造更多沉思的時間，有時也要創造激發新點子的物理空間，或是更有效地運用餘暇，以協助自己打開心智，朝未探索過的方向邁進，接納非顯而易見的洞見。

沒錯，擁有更多時間可以助你一臂之力。但培養更高的心智機敏度，讓自己從額外空間中獲得實益，更是非顯見思維的真正基石。而那不僅需要減少生活中的蕪雜，或清空你的待辦事項。在以下各章中，你將學到證實有效的創造空間技巧，就從你幾乎不假思索的日常慣例開始吧。

創造空間

- 從呼吸開始
- 拋開預反駁
- 創造綠洲時刻
- 擁抱危險
- 改變儀式
- 以時間換取空間

從呼吸開始

　　冰人不覺得冷——至少不像我們其他人那麼容易覺得冷。

　　文恩・霍夫（Wim Hof）是一位荷蘭極限運動員，他穿短褲攀登吉力馬札羅山，赤腳在北極圈地區跑半程馬拉松，創下了十八項金氏世界紀錄（迄今為止）。

　　長久以來，他相信完成上述非凡功績的祕密，在於他懂得掌控身體的基本功能：他自學有成的呼吸法。

　　儘管你無意展開極限運動的新生涯，但冰人霍夫的故事隱含著一個寶貴的教誨。呼吸是人類生命的基本功能，科學的驚人新

發現是，我們應多探索這種人類本能，瞭解何謂真正良好的呼吸法。

如果不懂如何妥善地呼吸，思維也會有所局限，停留在顯而易見的表面。淺呼吸往往也會造成膚淺的思維。

> 呼吸是我們每天的例行公事，但大多數人從未學會如何「正確」呼吸。

自由潛水是指一口氣潛入海洋數百英尺數分鐘的超人運動。科學記者詹姆斯・奈斯特（James Nestor）獲派到希臘卡拉馬塔市記錄這種運動時，被當天的運動員們嚇了一跳。

一反他先入為主的觀念，這些極限運動選手的體能並不特別好，也不是基因的樂透得主，擁有超乎常人的肺活量。反而就像一位自由潛水員告訴奈斯特的，他們只是發現了「呼吸有很多方法，就像食物一樣五花八門」。

奈斯特的推論是，大多數人的呼吸法是每況愈下。

我們大多數人一天下來，多半不是進行綿長的深呼吸，而是短促的淺呼吸，但事情不該如此。

奈斯特發現，「完美的呼吸」是指吸氣和呼氣都要 5.5 秒。他的暢銷書《3.3 秒的呼吸奧祕》（*Breath*）協助大眾重新意識到良好呼吸的重要性。

把專心呼吸這一點,當成一本談非顯見思維的著作開場白,你或許會覺得未免淺顯。不過,當你開始注意到一件很常遭到忽略的事,附加好處是,你也會喚醒心智的一部分,不會凡事過於不假思索,渾渾噩噩。

你的日常習慣與熟悉的例行公事,代表著一種對小細節的盲目。你不會察覺到身邊的小事,因為你的心智告訴你,那些小節無關緊要。但當你開始留意自己的呼吸,就能打破這種模式。**專注於呼吸,能協助你對其他事多用點心**。

因此,這是創造空間、進而培養非顯見思維的理想第一步。

如何從呼吸做起？

假裝有人看著你

如果你實際參加呼吸課程（我們衷心推薦你這麼做），上課時可能就會有人盯著你練習。不過即使是自己練習，想像有觀眾看著你，也可能有幫助。呼吸對每個人來說都是再自然不過的事，所以想像有人盯著你看，有助於誘使你的大腦關注新慣例，不去想著抄捷徑。

PART 1　創造空間

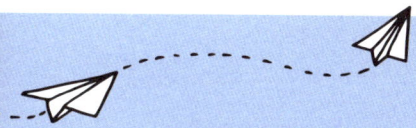

設定呼吸提醒

　　你可能認為不需要為身體本能設定什麼提醒。但假如你想維持更佳的呼吸習慣,設定提醒,協助自己穩定培養新的呼吸習慣,確實會帶來不同。

　　你可以設定手機提醒,在特定地點留下提醒自己的字條,甚至特地安排時間練習正念呼吸。重新訓練的過程愈刻意,就能愈快培養良好的呼吸習慣。

創造空間

從呼吸開始

拋開預反駁

創造綠洲時刻

擁抱危險

改變儀式

以時間換取空間

拋開預反駁

　　現代政治與貿易中最有害的工具,無疑是預反駁（prebuttal；編按：可理解為一種先發制人式的反駁）。

　　如果在最好的情況下,反駁是一種深思熟慮後否定某人論點的反應,預反駁就是其智慧不足、淺薄有餘的親戚。預反駁是指他人的話尚未說出口,你就先一步提出論辯反駁,相當於大聲反對尚未道出的點子,有效地關閉任何實質的對話機會。做出預反駁的人,等於是向世人宣告,與其選擇聆聽並思考,他們相信自己的觀點才是唯一重要的觀點。

　　在政治辯論與選舉的造勢活動中,新聞媒體通常會為提出預反駁的專家名嘴們提供平台。他們空洞的言論會造成分裂,火上

加油,引發的憤怒多過實質討論。

> **預反駁是一種懶惰的因應機制,引人走向心胸狹窄的視角。**

所幸除非你實際參與政治競選活動,否則大多數人不會置身於預反駁屢見不鮮的社群或職場。不過,刺激人做出預反駁的心態,往往也以更一般的方式,顯現在我們的日常生活中。

由於多年前某個高中同學曾鄙視你,所以你不想與他見面,這就是一種預反駁。根據過去的某次輕率的評論或過錯,而評判某位同事不勝任,是一種預反駁。還未試過某件事就先心生反感,也是一種預反駁。

做出預反駁時,你並未創造出多考慮新朋友、新點子、新觀點的所需空間,恰恰相反,你中斷了自己身為人的成長。人際互動並不是脣槍舌劍直到一方勝出的戰場。不妨把人際互動當成理解,並觀察你可能遺漏什麼的機會⋯⋯前提是你要有意願。

要避免成為「預反駁者」,第一步是有意識地選擇不以嫌棄的態度面對對話或情境。避免當場驟下評斷,話出口前要先三思。

有句老話說,沒有所謂的壞點子,但這說法不夠精確──其實壞點子層出不窮,只是在當下,我們很難區分點子是好是壞。

請保留你的評語，多聆聽新觀點，在形成見解之前，先讓時間沉澱一下。

創造空間要從聆聽開始，而不是預期對方不同意。學習拋開你的預反駁，將有助於你做到這點。

如何拋開預反駁？

詢問自己原因何在

你相信鏡子破裂或看見黑貓會帶來不幸嗎？有些問題是否比其他問題更令你困擾？是什麼原因，讓某些事成為你的「地雷」，別人踩到你的地雷時，你又是做何反應？你是否執意相信某件事，即使明知沒有道理，卻仍選擇繼續相信？

要回答這些問題可能很難。然而，如果你努力回答，也許就能帶來某種自我覺醒，協助你撫平預反駁的內心衝動。

PART 1　創造空間

看透預反駁

要辨認政治名嘴不難，但在政治圈之外，懷有偏見的人在你我之中，其實再常見不過。有時他們會用「我不入地獄誰入地獄」的說法來為自己辯解，或試圖用幽默隱藏自己的尖酸刻薄。

要找出這類充滿偏見的人，可從掩蓋不住的預反駁跡象來著手，例如總是持負面態度、總是要主導每次對話等。

你愈能迅速辨認出他們，就愈能保留自己對他們的疑心，轉而尋求更平衡的觀點。

創造空間

從呼吸開始

拋開預反駁

創造綠洲時刻

擁抱危險

改變儀式

以時間換取空間

創造綠洲時刻

　　時間是早上9時8分,地點是德州首府奧斯汀市中心的一間飯店大廳。年度美國南方音樂節(SXSW)的兩百多位參與者並肩站著,引頸期待即將發生的事。六十秒後,現場歡聲雷動。

　　他們是參與「非顯見七分鐘聚會」(Non-Obvious 7-Minute Meetup)對話的一群快閃族,我們團隊預期以這匆匆一會,解決人際疏離的問題。

　　SXSW集結音樂家、電影導演、大型品牌、創業者等各界人士,參與十天的表演、知識分享、深度互動、合作等振奮人心

的活動。活動多達數百場,使SXSW成為亂中有序的盛會,占據了市內的大小場地。而絡繹不停持續一整天的活動,也往往讓SXSW的舊雨新知感覺孤立或不堪負荷。

「非顯見七分鐘聚會」的創建,正是為了提供一個放慢腳步的時刻,讓每個人都能在川流不息的活動中,獲得些許歸屬感。聚會鼓勵參與者在人山人海中創造個人連結,就從向陌生人分享自己的非顯見點子開始。

> 這個綠洲時刻提供的避風港,使人能暫且避開日常生活的噪音與混亂,進行省思並敞開心胸。

多年來,這些簡單的聚會促成了諸多企業合作、客戶互動的機會,甚至造就了幾對佳偶。自此之後,我們也在世界各地的其他現場活動中,重建了這七分鐘聚會,刺激人們進行更真誠的對話。

為何這些聚會時間如此之短,效果卻如此巨大?

它們提供的機會是有時間限制的,相當於半場足球賽。在馬不停蹄的活動中,這段稍微喘息的時間儘管只有幾分鐘,仍有助於避免人在錯誤的時刻被過度刺激。

蘇珊・坎恩(Susan Cain)在其暢銷著作《安靜,就是力量》(*Quiet*)中解釋,內向者與外向者的一大關鍵區別,就在於令他們感覺自在的刺激量不同。每個人心目中理想的刺激量都不

同,我們都在尋找必須歸隊與退出充電之間的平衡。

由別人來為你策劃這樣一個平靜的時刻,是一種可遇不可求的奢侈。但你可以(也應該)為自己創造這樣的片刻。

當你感覺不堪負荷,就無法充分參與周圍的一切,也就難以察覺到重要的小細節。你會在無意中小看他人的觀點,或漏掉邂逅並吸收新點子的機會。

發現讓你能放慢腳步省思幾分鐘的**「綠洲時刻」**,是在異常擁擠的人群或百忙中,創造空間的理想方式。你所創造的空間可以成為一種起點,讓你發現從未發現的新鮮事,或是與你從未有機會邂逅的人結緣。

如何
創造綠洲時刻？

選定一段時間

　　既然綠洲時刻的用意,是在繁忙、混亂、嘈雜的時候提供片刻的休息,要在我們最需要的時候擠出這樣的時間來,就成了一項挑戰。

　　要讓事情變得簡單,請試著預測,哪些即將到來的情境或事件會令你不堪負荷。

　　接著,從這一片混亂中挑出一段固定時間,使你的綠洲時刻成真——就算只有七分鐘也好!

PART 1　創造空間

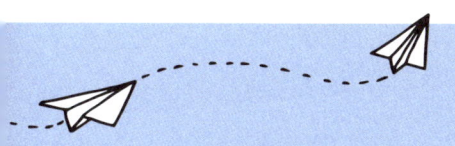

選擇注意力焦點

　　要創造綠洲時刻,你不須完全靜默,甚至也無須孤身一人。

　　你不妨選擇性地將注意力集中在某個顏色、形狀、氣味,或身邊的任何其他小細節上。

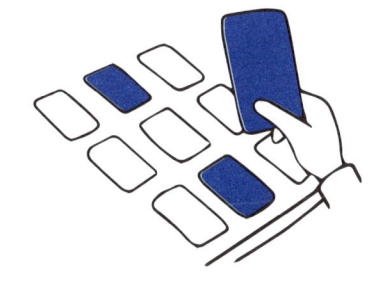

　　你身邊的藍色都出現在哪些東西上?或是訓練自己注意所有圓形的東西。用這種簡單的小技巧聚焦你的目光,有助於你放鬆心靈、以獨特的方式創造空間。

創造空間

從呼吸開始

拋開預反駁

創造綠洲時刻

擁抱危險

改變儀式

以時間換取空間

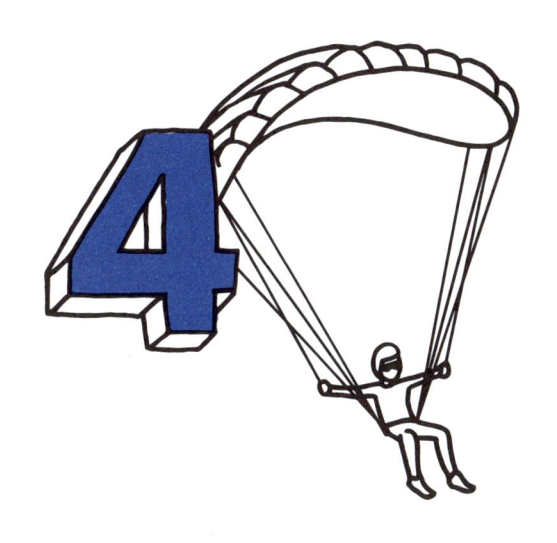

擁抱危險

　　「遊園地」（The Land）是一個位在北威爾斯雷克瑟姆郊區的遊樂場，以其跳脫常理的規定（或缺乏規定）聞名。在這裡，孩子們可以放火，把玩尖銳物品。事實上，這類玩耍還獲得了鼓勵。

　　大家首次注意到這座不尋常的遊樂場，是透過一部紀錄片，片中孩子們拿鐵錘與鋸子玩，從事各式各樣的危險活動，但大人的干預卻少之又少。

這不是個孩子們很快就感到厭倦的傳統遊樂場，而是如紀錄片的宣傳語所說的，是一個「充滿可能性的地方」，不論男孩女孩都喜歡得不得了，因為和所有其他遊樂場都不一樣。

　　奇怪的是，遊園地見報的受傷事件，並不比其他遊樂場更多。研究者對這種矛盾提出的解釋很有趣：遊園地的危險可能反而使孩子們玩耍時更小心，更依賴彼此，也更留意周圍環境。

　　如果這種說法屬實，研究者便要開始思考一個更大的問題了：大多數遊樂場都會採用各種保護兒童的措施，如鋪設橡膠草皮等，那這些措施是否是不必要的，反而使兒童們學不會如何在真實世界中保護自己？

> **擁抱危險並迎接人生中的摩擦，可以提升你的警覺，建立你的彈性。**

　　對成年生活的許多方面，我們也可以提出類似的問題。

　　強而有力的企業電子郵件垃圾信過濾器，能使人免於收到來源陌生的訊息。警告標語提醒我們，不要在緊急時刻把某些物品當成救生浮具使用——儘管它確實會漂在水面上。同時，多合一的一鍵式按鈕，讓我們從烹飪到停車都方便多了。

　　我們用氣泡紙把世界包起來，讓它變得無比安全或超級簡單（或兩者兼有），但與此同時，我們也冒著，無法從未犯過的錯

誤中學到新能力的危險。

多份研究證明，習慣使用 GPS 導航，已經對我們的空間記憶造成了負面影響。換句話說，Google Maps 正在扼殺我們的方向感（也許還有我們對追求未知途徑的意願）。我們大可以心不在焉地生活，因為周圍的一切都安全又簡單。

另一方面，擁抱冒險與犯錯的機會，有助於拓展你的心智與肉體界限。當我們能在危險情境下保持警覺，就較可能看見本來所忽略的細節。

接納更多這類機會，也不是讓自己輕率地陷入危險的境地，如不繫安全帶就在雪地上開車等。接納更多機會，是指創造更多實驗空間，點頭接受較陌生的體驗。

探索一座新城市，但不拿地圖在手上，或是體驗一下極限運動，讓更多危險與摩擦進入你的人生，可以有效地幫助你創造必要心智空間，進而接納新點子。

如何擁抱危險？

關掉導航

　　冒險可以很簡單，如關閉手機地圖程式，在沒有導航的協助下找路。不看食譜做菜、不看說明書打造家具也是一例。在一群外語人士中，以他們的母語說話，可能會令你心驚肉跳。

　　把平常遇到情況就拿出來參考的指南或規定拿掉，可以使你對發生在周圍的事提高警覺，創造新體驗發生的空間。

PART 1　創造空間

換個方式做

　　年紀愈長,我們就愈容易變得保守,凡事都按老方法去做。大膽做出改變,可能是打破這種心態的理想起點。

　　試試用滑雪板而不是滑雪屐來滑雪吧。或是去上單人喜劇表演課。度假時不要去同一個地方兩次以上。

　　擁抱不熟悉的新體驗,能協助你的心智剝除那層自我保護,為新的思考與觀看方式創造更多空間。

創造空間

從呼吸開始

拋開預反駁

創造綠洲時刻

擁抱危險

改變儀式

以時間換取空間

改變儀式

中世紀的歐洲人認為啤酒是最佳早餐,因為它含有高卡路里。酒精成分也可能是它受歡迎的另一個原因。

盛行於東南亞各地的傳統阿育吠陀晨間儀式,是指一連串自我照顧的正念行為,包括刮除舌苔、清洗雙眼等。

現代自助專家建議我們採用積極的日常習慣,例如寫下一天的先後待辦事項,吃養生早餐,而且絕對、千萬不要一醒來就檢查手機訊息。

早上醒來後先做什麼事很重要——這也是為什麼人人對此似乎都各有一套見解。雖然專家們對晨間儀式提出的忠告各不相同,但似乎都同意這點:要讓這些晨間習慣產生效用,就不能半途而廢。堅持,就是關鍵。

是這樣嗎？

> **要避免陷入既定的心智窠臼，難以自拔，請換個方式展開你的一天。**

儀式往往離不開毅力與用心。

雖然晨間儀式確實有化為積極習慣的潛力，但也可能使我們落入既定的心智窠臼。**如果它們僵化成例行公事，就會使我們的大腦進入自動駕駛狀態**。

當我們處於這種本能模式，就會變得不假思索。如果我們每天早上做的第一件事是什麼很重要，那每天都做同樣的事，就會讓非顯見思維變得不容易出現。

以下是如何以不同方式展開一天的建議：

把每天早上的儀式當成一連串實驗如何？

這一週早上改喝茶，不喝咖啡。

或是把手機放在你睡覺時搆不著的地方。

或是在每週的工作日中選一天，比平常更早起（或晚起）。

在《時代》雜誌的一場訪談中，記者請著名主廚與分子料理之父費蘭·阿德里亞（Ferran Adrià）分享他的「上選早餐」。

他的回答是提出自己的非顯見習慣：每天早上換一種水果吃，連續一個月。

從這個小小的例子，可以看出這位創意十足的世界主廚，是如何藉由晨間習慣的小改變，來訓練心智思考的各種可能性。

　　為一天的開始注入些許新意，你就能達到同樣的效果，與其每天早上自動進入固定模式，不假思索地急著啜飲第一杯咖啡，你不妨傳送一個強而有力的信號給自己的心智：今天我要多用心接納新視角、新點子。

如何改變既定儀式？

反轉儀式

花一週時間，記下你每天清晨醒來後第一個小時所做的事（不論大小）。然後改變做那些事的順序，至少加入一項新儀式。

如果你習慣先沖澡再做早餐，那就試著調換兩件事的順序，再加上一點不一樣的事，例如花時間讀《詩歌》（*Poetry*）雜誌網站的「每日一詩」。

強迫自己打破既有的活動模式，同時試試新的東西，有助於大腦創造容納新點子的空間。

PART 1　創造空間

採用五秒規則

有時因為感覺已經很自在,所以我們遲遲不願改變既定慣例。

如果改變很難,那就想想自助大師梅爾・羅賓斯(Mel Robbins)的建言吧:

展開新儀式之前,先簡單地倒數 5、4、3、2……1,然後試著不加猶豫地改變。

這個五秒練習,能協助你踏出那艱難的第一步,邁向一天的新面貌。

創造空間

- 從呼吸開始
- 拋開預反駁
- 創造綠洲時刻
- 擁抱危險
- 改變儀式
- 以時間換取空間

6

以時間換取空間

　　就在世上最偉大的某位導演,理當開始為歷來票房最高的電影拍攝其轟動續集之際,他反而坐在一個小潛水艇裡,首度隻身潛入全球海洋的最深點——馬里亞納海溝。

　　要到四年後,詹姆斯·卡麥隆(James Cameron)才再度展開那部續集電影的製作⋯⋯但這也不令人驚訝,因為他的「阿凡達」(Avatar)系列電影拍了十二年才殺青。當然,如果有人能以十二年的時間拍電影,擁有這種權利的人也非卡麥隆莫屬。

　　他是世上唯一一位,拍過三部票房皆超過二十億美元電影的導演:1997年的《鐵達尼號》(Titanic)、2009年的《阿凡達》

與2022年的《阿凡達：水之道》（*Avatar 2: The Way of Water*）。待續集殺青，「阿凡達」的史詩系列將橫跨他的生涯三十年，達到百億美元以上的票房。卡麥隆顯然沒有急躁的必要。

我們大多數人，可不像這位著名的好萊塢導演這麼能呼風喚雨，把工作時程拉到這麼長，但我們仍能從他的例子中學到一點教誨。儘管外界希望他快點拍片的壓力不斷，卡麥隆仍先花了四年時間修改五部預定拍攝的電影劇本，才去拍下一部片的其中一幕。

想像你能否以同樣的思維面對人生中的緊要大事。

戴爾・卡內基（Dale Carnegie）的《人性的弱點》（*How to Win Friends and Influence People*）也許是世上最家喻戶曉的自助類著作，但這本書卻是一位文學代理人多年來費盡脣舌，才好不容易說服卡內基出版的。

這本書在1936年出版時，卡內基開設公開演講與人際關係的經典課程，已有二十四年。上市之後，它旋即轟動一時，最後在全球各地賣出三千多萬本，成為史上最暢銷的書籍之一。

> 練習以時間換取空間，有助於避免總是感覺自己被催促，或被期限壓得喘不過氣來。

作家簡‧麥戈尼格爾（Jane McGonigal）教導人們以更迫切的樂觀態度面對未來。依她的描述，以時間換取空間是指「感覺放鬆並擁有力量，相信自己有足夠時間去做真正重要的事」。

以時間換取空間，就像拿出更多耐性一樣，有時是一項挑戰，因為那需要我們忽視世人加諸在我們肩上的某些壓力。**給自己更多時間，要從心開始，要肯放慢腳步，而不認為自己的刻意暫停是一種敗筆**。

那個無形時鐘不僅時時催促我們盡快達到個人與專業上的成功，也催促我們要迅速思考，而這往往造成了維持現狀的顯見思考。為使自己的最佳點子發酵，使意料之外的關聯浮現，請從按掉那個時鐘開始。

當你允許自己擁有更多時間思考，就能協助自己創造空間，讓你的最佳點子光芒四射。

如何以時間換取空間？

拒絕不必要的期限

學習區分外界加諸而無法變動的期限（如大學入學申請期限），以及自我任意施加的最後期限（如三十歲之前一定要買房子）。

你愈是能消除自己創造的期限，就愈能創造新思維與新點子所需的空間。矛盾的是，當你做到了這點，你所創造的空間反而能給你力量，使你能以具體的步驟邁向那個最後期限，因為你不再對它窮追不捨。

PART 1　創造空間

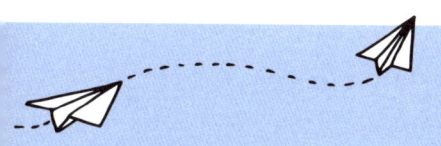

當個旅人,而非觀光客

　　事先規劃旅遊,是讓你能在短時間內安排眾多景點的絕佳辦法。可惜的是,你會因此很難真正體驗到目的地的魅力。

　　搭二十五分鐘的渡船,匆匆掠過雪梨歌劇院旁邊,和花一下午坐在歌劇院外的港邊酒吧品嚐美酒,觀看兩個陌生路人在那經典建築外互動,是不同的體驗。這就是你願意花時間投入新體驗時所會帶來的感受。

　　請當個旅人,而非觀光客。

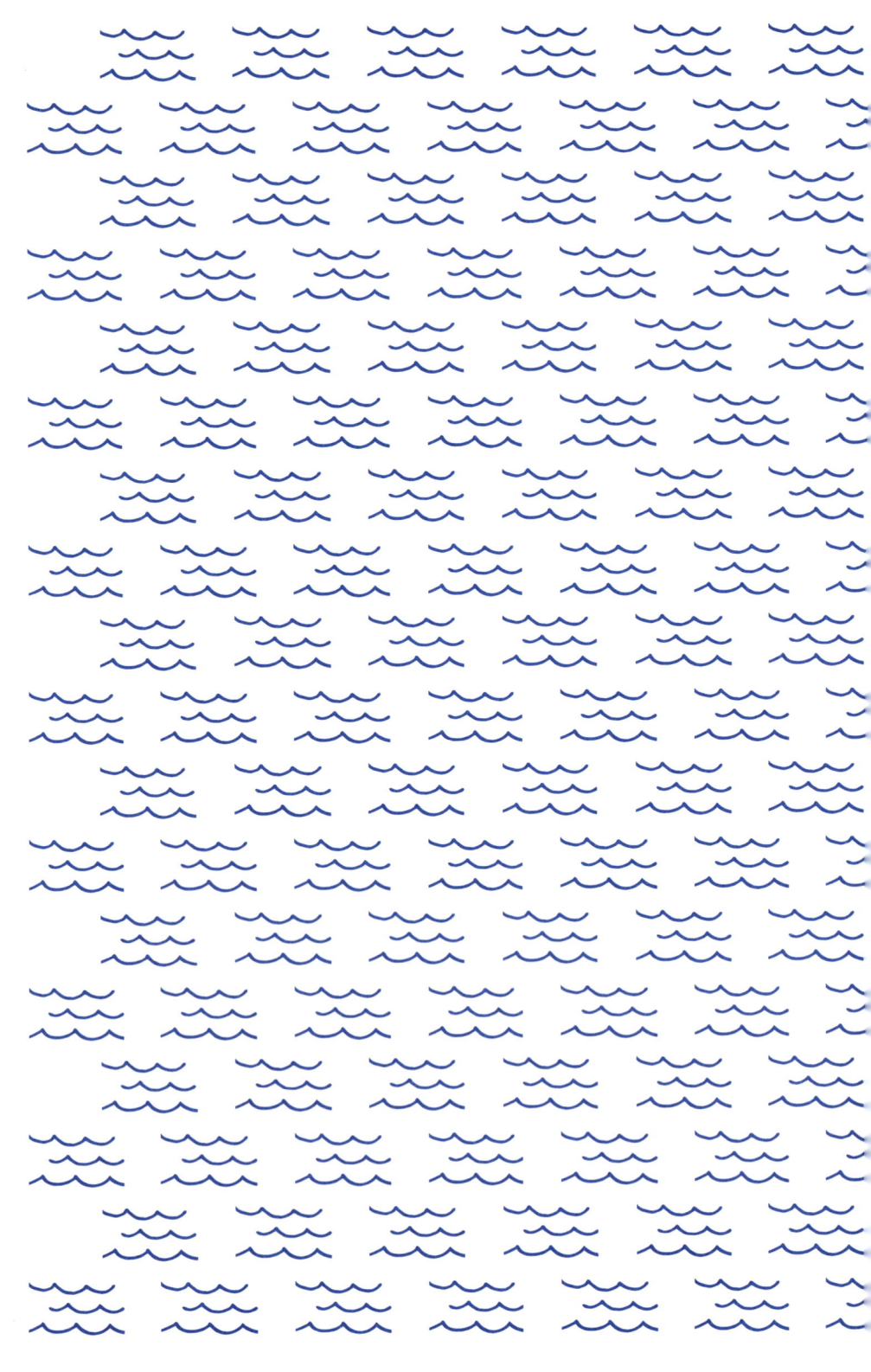

PART 2
發掘洞見

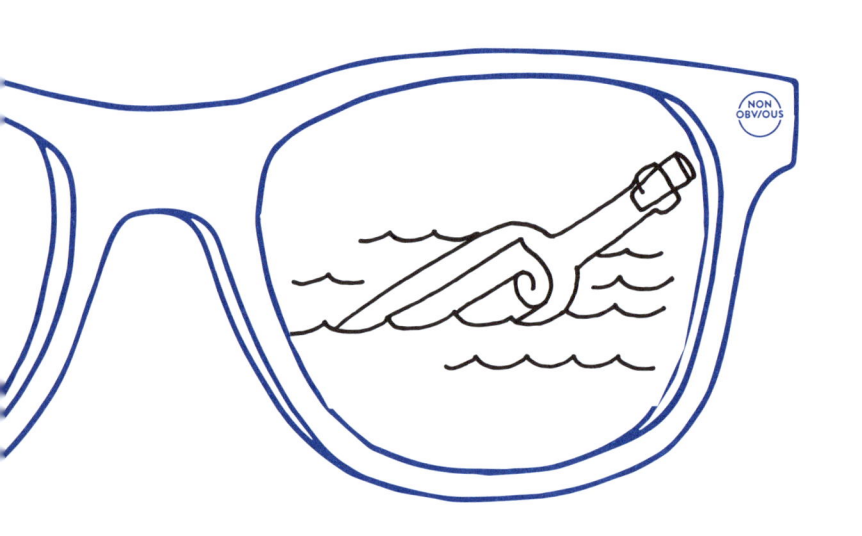

發掘洞見

　　空蕩蕩的庫房裡，一位法庭素描師坐在速寫板前。女人們被逐一請到他身邊的簾幕後坐著。她們看不見他，他也看不見她們。

　　素描師請每位女性描述自己──從鼻子開始，然後是下巴、額頭、雙眼。他僅以她們的描述為指引，畫下她們的臉。素描結束後，另一位女性被領進屋裡，並應要求描述前一名女性的樣子。這位素描師再據此畫下同一張臉的第二張素描，這次是以陌生人的描述為指引。

最後，這兩張素描會並列，與其他素描一同成排展示在庫房內。女人們緩緩進入庫房，觀看這項實驗的結果。兩張肖像之間的差異十分驚人。

根據自我描述所做的素描，相比依陌生人描述所畫下的肖像，往往更平庸、傷感、不友善。

> **洞見是一個令人驚訝的真相，說明了為何事物是現在的模樣。**

並置的兩張素描，顯示許多人對自己的評判遠較世人對他的評判更嚴苛。這項實驗是來自多芬（Dove）護膚產品著名的「真美」廣告，其品牌標語強而有力地總結了實驗的洞見：「你比自己以為的更美麗。」

「我們很容易執著於自己的缺陷，看不清自己的魅力。」——將類似的觀察轉變為洞見，是人人都學得來的技巧，也是非顯現思維的根本之道。

洞見往往來自深度聆聽、研究或分析。偶爾它會化為巧妙而有效的廣告噱頭，但**產生洞見更常見的起點，是觀察**。

發掘洞見，能給予人瞭解行為、習慣、觀點的新方法。

第二部所提出的技巧,將協助各位創造、探索自己的有趣觀察,進而將其轉變為洞見。

我們就從改善聆聽技巧,使對話進一步延伸開始吧。

發掘洞見

以問題引人說故事

磨練眼勢

親身體驗

發現自然界的智慧

找出正確的場合

設身處地

以問題引人說故事

如果你想上關於如何提問的大師班，賈姬・巴娜金斯基（Jacqui Banaszynski）可能就是那位理想的大師。她是榮獲普立茲獎肯定的記者、密蘇里大學新聞系的教授，數十年來，她以自身的方法啟發了諸多新進記者。

在她教給學生的諸多技巧中，有一項技巧是避免事先擬好訪談問題。她反而更建議動態的、迂迴前進的技巧，根據前一個問題的答案，來擬出下一個訪談問題。

這種做法的目標是**轉移焦點，讓自己不要執著於答案，反而要引對方說故事**。

面對訪談某人的任務，如工作面試、為理解新主題而進行的訪談等，我們大多會先寫下一連串問題。羅希特一開始為他的播客節目訪談來賓時，也擬過這類問題。

但經過十來次的訪談後，他意會到，與來賓的對話方向，往往不會那麼輕易受那些問題逐步引導。這時他首度聽說了巴娜金斯基的方法，便決定放手一試。

起初困難重重，因為你的腦子要轉得夠快，也要更專注於來賓所分享的答案細節。但很快地，他開始注意到，他與來賓的對話變得更真誠、更順暢了。

聽眾的回饋也變得更加正面。節目內容變得真實可信，也更貼近個人了。

巴娜金斯基解釋，這種迂迴提問法能引出更坦白的反應，是因為「請對方『說來聽聽』的發問法⋯⋯能協助對方暫時回到自己的人生電影中的某一幕。」

要做到這點，她建議人們想像，自己要如何在一班小朋友面前解釋一個觀念，或回想某段往事所激起的感官感受，而非情緒。

{ 提出引人說故事而非做出回答的問題，能帶來更有意思的觀察。 }

雖然大多數人並不需要像調查記者般寫故事，但這種發掘新真相的方法，能協助我們所有人更能獲得本來無法獲得的觀察。

當我們向他人提出「說來聽聽」的問題時，就是在鼓勵他們娓娓道來自己的人生、往事、體驗、觀點。他們出乎意料的回答能成為有趣的故事，隨之帶來令人驚訝的洞見。

如何提出問題,引對方說故事?

聚焦於對方事後的想法

人們分享故事時,往往會納入看似不重要的細節,但這些事後的想法,卻往往可能是出人意表的線索,顯現出他們自己從未真正意識到的另一面故事。

詢問他們為何要提到那些細節,答案可能會引導他們以不同角度思考那段往事,同時也給你一個嶄新、始料未及的洞見。

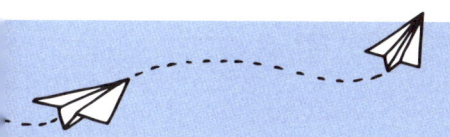

問題樹練習

每段對話都是改進你的提問（與聆聽）技巧的機會。

下次你與人對話時，不妨多用點心，至少一連問對方三個問題。

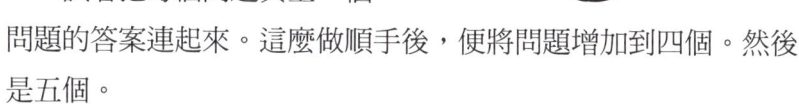

試著把每個問題與上一個問題的答案連起來。這麼做順手後，便將問題增加到四個。然後是五個。

你能讓這棵問題樹長得多高呢？這項練習能讓你成為更好的聆聽者，並改善你們對話的深度與品質。

發掘洞見

- 以問題引人說故事
- 磨練眼勢
- 親身體驗
- 發現自然界的智慧
- 找出正確的場合
- 設身處地

磨練眼勢

不開門見山地詢問對方,卻能瞭解別人的想法與感受,在韓國文化中是一種眾所周知的技巧。這種已有五百年歷史的古老情緒智商,稱為「眼勢」(nunchi),是紓解社交壓力與敏感議題的基本條件。

在日本,同樣的概念稱為「閱讀空氣」,或察覺他人的言外之意或行為背後的涵義。

兩種哲學都是在這條原則上運作:表面的說法或做法未必反映或符合他人真正的意思、更深的情緒或意圖。我們閱讀身體語言的做法,也是基於同樣的概念:人的身體動作,會透露出自身

感受的相關線索,而這些線索是言語所未表達出來的。

同理,警察質詢嫌疑人時,也會尋找潛意識的身體線索,從中發掘對方說謊的跡象。

聲調的異常起伏、手勢與所說的話不符(如明明點著頭,嘴上卻說「不」)、說話時遮著嘴巴等,都是遮掩不了的說謊跡象。

{ 有能力探知他人未說出口的想法、感受或意圖,能為你開啟一扇窗,看見往往被忽略的多層意義。}

在期待並看重直來直往的西方文化中,學習閱讀空氣並增進閱讀身體語言的技巧,也能大幅增進你發掘洞見的能力。那就像領略一個情境的情緒氛圍,提供你粗神經的人所遺漏的理解與視角。

有些神經多樣者(譯註:神經多樣性〔neurodiverse〕是指人的大腦與認知功能具有多種不同類型,神經多樣者則是用來形容,展現出的大腦運作方式與一般人不同,但同樣正常的人)確實會因為無法掌控的原因,而難以看出這些社交線索,但即使是不太能讀出社交線索的人,也能在他人的直接指導下,改善其社交技巧。

這種神經多樣性也能創造出多種視角,使人以截然不同、他

人大多缺乏的細膩方式,看見或體驗世界。這不僅包括對話時發現對方頻頻看錶或眼神飄忽,表示他可能分了心——雖然這是很好的觀察起點。

無論你是否成長於,不時要以上述的「眼勢」來理解對話的高語境文化(譯註:high-context culture,指十分仰賴未明說的語境元素,如對方的社會地位、身體語言、語調等來交流的文化;相對地,低語境文化則強調直來直往、清晰精確的溝通),或正處於這類文化中,你都可以**試著從別人的言外之意、弦外之音,來理解其行為的意義,進而改善你的眼力**。

有什麼理想的起點嗎?多觀察人。留意人們在機場、公園等擁擠的地方如何互動;在安靜的餐廳或咖啡店等氣氛親密的地方,又是如何互動。

如果你能經常留意,學會觀察更深入的細節,如人們如何以聆聽來拉近距離、如何對待侍者並保持眼神接觸、是否歡迎他人加入對話等,便能發掘其對話的深一層涵義。

最後你或許會發現,不論處於何種情境,你都會忍不住去注意他人的身體語言所帶來的細膩洞見。過去你感受不到那些信號,但如今要你忽略,卻變得不可能了。那就是磨練眼勢的力量。

如何磨練眼勢？

在靜音模式下觀看影片

下次你看影片時,試著把聲音完全關掉——以靜音模式觀看。

當你聽不見人們在說什麼(且沒有字幕),你就不得不留意非言語的線索,讓大腦來填補空白。

1960 年美國總統大選期間,相較於甘迺迪(John F. Kennedy)的從容不迫,尼克森(Richard Nixon)的身體語言顯得緊張不安得多,一般認為這正是選戰的轉捩點。尼克森輸掉了選戰。

我們的身體透露出的洞見,往往比言語還多。

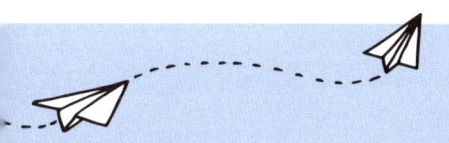

擴大注意力

在你所處的空間中,身邊的細節與人都能提供寶貴的背景資訊……只要你多加留意。

我們進入一個新情境,對某個目標或人太過專注時,就可能漏掉關鍵的語境線索。

例如,兩個人站在一起時,其中一人是否更常偷瞄另一個人?注意這類細節,能協助你瞭解兩人之間的權力消長。

多訓練自己察言觀色,那一刻的所有細節便能從背景躍上檯面,使你看見全局。

發掘洞見

以問題引人說故事

磨練眼勢

親身體驗

發現自然界的智慧

找出正確的場合

設身處地

9 親身體驗

Uber執行長達拉‧霍斯勞沙希（Dara Khosrowshahi）入主這間公司數年後，曾舉行一場全公司的大會，邀請函的主題坦白得教人吃驚：「我們很爛，原因何在？」

開這場大會的起因是，霍斯勞沙希曾以司機的身分祕密潛入某個平台，從送餐載客的打工仔視角，觀察Uber提供的服務。結果並不理想。

對工作的第一手體驗無比珍貴，這個觀念也是長青電視實境秀《臥底老闆》（*Undercover Boss*）背後的推動力。這個系列節目已經進入十一季，記錄了高階主管們如何在自家公司投入初階

工作,從中發現大問題,並瞭解了其前線員工的日常困難。

這個節目與霍斯勞沙希的體驗說明了,在人與自己的成品或成果日益隔離的世界,遺漏這些過程所提出的洞見再容易不過。

只有當我們沉浸於通常接觸不到的任務時,才能深入理解那些過程與其中的眉眉角角及挑戰,也才會對從事那些任務的人產生同理心。

> 親身體驗,能獲得單憑觀察所得不到的寶貴教誨。

舉例來說,幾年前羅希特獲邀為暖通空調業(HVAC)做一場演講。在演講數週前,他請團隊安排自己造訪一間當地的修理站,讓他看看HVAC的安裝過程,並參與維修機器的技術工作。

雖然很可惜,羅希特在那次體驗中並沒有修復任何HVAC機器,但他對HVAC專業維修人員的日常壓力與挫折,有了更深入的了解。多少體驗到他們所面臨的挑戰,使羅希特演講時更能貼近聽眾的心。

班恩也同樣相信,要為自己的創投基金瞭解新的投資機會,最好的辦法是在投資前定期進行客戶介紹。

如果他的公司能找到潛在客戶,並聆聽那些公司的提案,就

能更深入瞭解這些公司的痛點所在,為他們另闢蹊徑。此外,全心進行這類介紹,能使其社群有所成長,並在過程中產生善意。

這種方法大獲成功,所以他們選擇更進一步,致力於協助他們投資的每個公司,拓展新客源。

你不需要聆聽數千個提案或親自投入 HVAC 的維修工作,**但沒有什麼比得上親身參與,更能給你寶貴的體驗**。只要可以,不妨選擇親身投入,那比讀書或看影片更有用。

如何
親身體驗？

親力親為

　　親力親為地投入慈善組織的工作,如協助建造房屋,或為社區種花。或者,你也可以在自家規劃一個小型 DIY 計畫,如改變燈光開關的電線等。

　　投入這些任務時,請試著聚焦於過程中的細節、牽涉的步驟與所需技巧等。

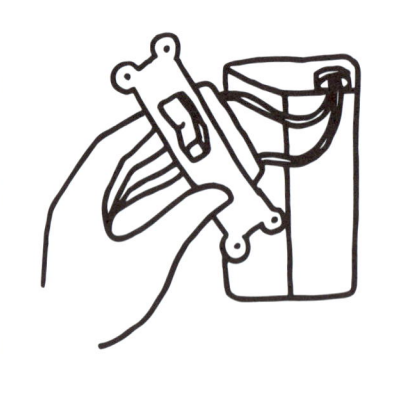

　　任何能在你的舒適圈之外投入一項任務的機會,都是你發現本來難以發現的新洞見的契機。

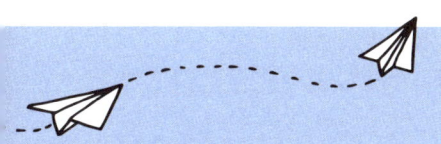

擔任助手

　　安排與朋友或家人一同從事某項活動,在那一天中擔任他們的助手。

　　在不同於你的本業的企業中擔任他人的助手,也許能帶來強而有力的教誨與洞見。

　　就算不需要你實際去「做」任何事(或開車),但就近觀察能使你鳥瞰他人的工作,由此帶來你本來所不可能獲得的視角。

發掘洞見

- 以問題引人說故事
- 磨練眼勢
- 親身體驗
- 發現自然界的智慧
- 找出正確的場合
- 設身處地

10

發現自然界的智慧

對一場高爾夫球的觀察,改變了米克·皮爾斯(Mick Pearce)的一生。

身為在辛巴威工作的建築師,皮爾斯投入哈拉雷(Harare)一間辦公大樓的新建案時,注意到球場邊有幾個難以忽視的白蟻丘。

白蟻丘是地球上的非人生物所建造的最高結構,有時會長到寬三十多公尺、高十公尺。為調節氣流、維持全年攝氏三十度的理想均溫,白蟻會在外層蟻丘中,構築錯綜複雜的一連串小洞。

皮爾斯對這種自然設計著迷不已,於是尋思著,同樣的概念能否協助他創造一種人類使用的自我通風建物。東門中心(Eastgate Centre)的靈感就是來自白蟻丘,主體是兩座塔,由

一座中庭連接，中庭的導管系統能將熱空氣推送到大樓的煙囪。

這座榮獲設計獎項的大樓，其建造成本較傳統大樓少了十分之一，且不需要空調系統。

皮爾斯的創新建築解方，是仿生學（運用大自然的發現來解決人類需要的一種做法）的經典例子。現代設計中充滿了這類創新哲學的實用例子。

日本工程師從翠鳥的鳥喙獲得啟發，設計出能降低燃料消耗量的子彈列車引擎。航太製造廠商洛克希德・馬丁（Lockheed Martin）依槭樹籽從空中落下的樣子，設計出無人機旋轉器的新模型。還有一個著名的例子是魔鬼氈，是一位瑞士工程師健行返家，發現襪子上黏著的毛刺後所發明的。

但要從大自然找到靈感、發掘實用的洞見，你無須成為創意無限的建築師，或因一場健行改變一生的工程師。你可以用更日常的仿生學形式，從身邊的自然界尋找自己的靈感。

> 運用大自然的智慧，可以從身邊出乎意料的來源，打開發現新洞見的大門。

觀察如四季的更迭、植物的生命周期等大自然模式，可以提供我們處理或促進自己改變的點子。

大自然能成為不同層次的洞見與靈感的不竭來源，且過去往

往就是如此。

　　例如,各種不同動物的外觀及其躲避獵食者的偽裝法,就啟發了諸多軍事用具,熱愛戶外活動的人,也偏好在荒野中進行類似的偽裝。

　　培養用心觀察自然界的習慣,我們便能從大自然的智慧中,獲得出人意表的洞見,協助我們解決眼前的挑戰。關鍵是要花時間發掘,這些容易忽略但俯拾即是的線索。

如何發現自然界的智慧？

綜觀大局

大自然充滿了以出人意表的方式運作的體系。

如果你只觀察個別現象，會容易以為過多樹蔭或失控的森林大火，對大自然有弊無利。但其實對某些植物來說，太多陽光才更致命。有些樹需要大火的極端熱度，才能使種籽發芽。

要欣賞這些矛盾之處，你就必須擴大視野，綜觀大局。

乍見之下負面或有害的事（如過多樹蔭或森林大火），經證明，就長遠來說可能是必要的。

PART 2　發掘洞見

見林也見樹

　　大局可以提供我們大自然的獨特脈絡，反之亦然。就像你可能見林不見樹，反之你也可能忽略大自然的細節。

　　下次你出門時，請列出十件以前從未注意到的事。

　　哪些植物似乎變得更蓬勃，哪些植物則日益稀少了？

　　哪些小細節其實一直在那裡，只是你現在才注意到？

發掘洞見

- 以問題引人說故事
- 磨練眼勢
- 親身體驗
- 發現自然界的智慧
- 找出正確的場合
- 設身處地

找出正確的場合

　　1999 年的某幾天，一小群科學家與思想家擠在聖塔莫尼卡的一間不起眼飯店的房間裡，對未來進行種種預測。參與者的正確名單從未公諸於世。

　　他們都是應傳奇電影導演史蒂芬‧史匹柏（Steven Spielberg）之邀，來協助他與製片團隊為一部新片勾勒寫實的未來圖像的。

　　最後，眾人在那個週末腦力激盪出了許多點子，並在 2001 年的電影《關鍵報告》（*Minority Report*）中化為影像。如今這部片已公認為一部現代科幻經典。

　　這部片首開先河呈現的許多未來元素，如今都已迅速化為真

實：自駕車、以手勢操作的電腦、來勢洶洶的個人化廣告、智慧恆溫器、生物識別登入系統等，不過是其中幾項。這部片呈現的細節精確得出奇，以致許多觀察者認為，與其說是它受到未來啟發，不如說是它啟發了未來。

當然，我們大多數人沒有能力召喚世上最聰明的人，來協助我們進行如史匹柏那般的計畫，但從上面的例子，我們可以獲得的廣泛教誨是：有時發掘洞見最好的方式，是成為正確場合的一部分，你才能從正確的人身上獲得啟發。

正是這種對集結創新點子與人才的渴望，點燃了二十多年前的第一屆「非顯現餐會」。

班恩對社交活動中的場面話感到疲憊，因此主持了自己希望參與的餐會：讓對話超越顯而易見的事實。

2002 年，在德拉瓦州的威明頓俱樂部（Wilmington Club），第一屆非顯見餐會集結了近百位參與者，囊括大公司的執行長、前途可期的創業家，連得拉瓦州州長也親臨現場，揭開這個年度傳統的序幕。

餐會上，人人都被要求提出一個問題：你有何改變世界的非顯見點子？

提出這個問題不僅是為了活絡氣氛。當晚的共同目標是由所有參與者投票，選出最佳的非顯見點子。

其中一個勝出的點子，提議公立學校教學生如何操縱無人機，讓學生從小就能學到可能成為未來需求的專業技能。

另一位參與者則認為，在日益受數據驅使的世界，隱私將成

為新的奢侈品——這項預測如今已成為事實。

多年來,這些年度餐會集結了數百位在企業界、政治界、學術界、科學界中的頂尖人才,討論非顯見點子。為確保參與者的多樣性,班恩與其團隊也邀請高中學生及多所大學的畢業生,以及藝術家、醫師、教師、非營利機構的創辦人等一同參加。

每年這些人齊聚一堂而孕育的點子,無不令人印象深刻,證明**即使世界變得日益數位化,交換視角的面對面對話,仍是發掘洞見的有力方式**。能待在這樣的場合中,是絕無僅有的機會。

如何找到正確的場合？

參加思考型聚會

有不少人會舉行多人聚會（俗稱為沙龍）來討論有趣的點子，而要取得這類聚會的邀請函，往往要靠人脈。

但你也可以走出熟人的圈子，參加地方聚會，尋找地方的社交團體、商業俱樂部、企業社團等來參加。

探索這類選項後，如果仍未找到任何有趣或可以參加的場合，或許這表示該由你來主持一個聚會了！

PART 2　發掘洞見

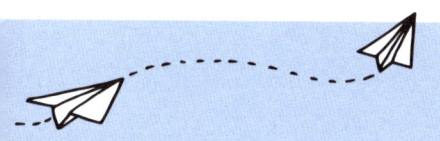

拓展你的專業素養

世界充滿了專業學習與建立人脈的機會。與其僅聚焦於你那一行的活動,或限制自己僅去做與你目前的興趣有關的事,向外拓展一下又何妨?

拿出你的好奇心,參加朋友很熱愛但你一無所知的活動。有時要找出正確的場合,只需要就近打開一扇門,而非過門不入。

發掘洞見

- 以問題引人說故事
- 磨練眼勢
- 親身體驗
- 發現自然界的智慧
- 找出正確的場合
- 設身處地

12

設身處地

　　雜誌是最個人化的媒體形式之一。它們深知自己的讀者是誰、讀者關心什麼。不論你目前是否為任何雜誌的訂閱者，你可能隨口就能舉出自己讀過了哪幾本雜誌。

　　但也有可能你從不讀不合自己口味的雜誌。

　　《少女時尚》(Teen Vogue)、《摩登農夫》(Modern Farmer)、《延遲滿足》(Delayed Gratification)、《單片眼鏡》(Monocle)、《燈塔文摘》(Lighthouse Digest)……單是在美國境內，就有近七千五百種雜誌流通。加上小眾出版如企業型錄、地方報紙，或貿易界發表的領先思潮專文等，構成了一座觸手可

及的資訊金礦。

興趣與你不同的人們,在其中表達著社群之外的大眾很少能欣賞或理解的點子。

如果你拿起這樣一本新雜誌、新報紙或新型錄,其中的文章或許會打開你的眼界,使你注意到自己從未想過的議題。其中的相片能使你認識你從未聽過的名人,其中的廣告則呈現著你想都沒想過,或絕不會去買的產品。

閱讀這類出版品能透露更深的洞見,使你瞭解是哪些力量驅使並啟發著這群信仰與你不同的人。

> **雜誌與沉浸式體驗能提供引人入勝的獨特視角,使你一瞥他人的不同愛好。**

平面媒體之外,數位媒體也能提供類似,甚至更多的管道,讓你能以沉浸式體驗拓展自己對他人的瞭解。特別是虛擬實境,由於具有協助使用者轉換視角,改以他人角度觀察的實境能力,所以又有「同理心引擎」之譽。

今日,使用者可戴上耳機,沉浸在虛擬實境中,體驗難民營中的難民,或監禁在單人牢房中的囚犯的感受。在遊戲房裡,穿戴一身觸覺反饋套裝的人,甚至能體驗到肉體的模擬感受,如被揍或肩負著背包。

人生無法為我們大多數人提供理解他人的觀點、信仰、生活如何不同的時刻。購買聚焦於陌生主題的雜誌,是任何人不用花十塊錢就能做到的事。

沉浸式虛擬體驗儘管不像雜誌那麼唾手可得,但也變得日益普遍而負擔得起了。

這類媒體與體驗能協助我們以極富人性而難忘的方式,瞭解他人的生活與處境,使我們能對他人的生活體驗產生真正的同理心,那種感受是讀文章或看紀錄片所體驗不到的。

能夠設身處地瞭解陌生人的處境,使我們的思考能超越自身的假設、偏見、限制,開啟我們的眼界,使我們看見本來會遺漏的事。

如何設身處地？

跟著非興趣走

請找一本主題你沒興趣，甚至不喜歡的雜誌、書籍、紀錄片或影集來看。

你對時裝或時尚沒興趣？那就找一部談經典設計師的紀錄片來看吧。

你是某個政黨的忠實黨員？那就去讀政治信仰與你不同的人所寫的書或部落格吧。

將好奇心投入那些「非興趣」的地方，能帶領你獲得最出乎意料的洞見，打開你的心智，使你更願意接納非顯見洞見的出現。

PART 2　發掘洞見

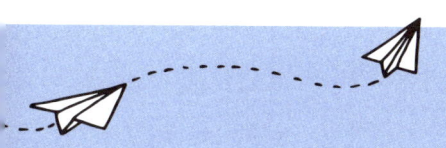

建立更多弱連結

社交媒體很擅長讓與你觀點相同的人現身。

任何新連結都會從我們擁有多少共同朋友來立即驗證。但如果你肯接受更多弱連結（weak ties，與僅認識幾個你目前的朋友，甚至一個也不認識的人結緣）的話，那會如何？

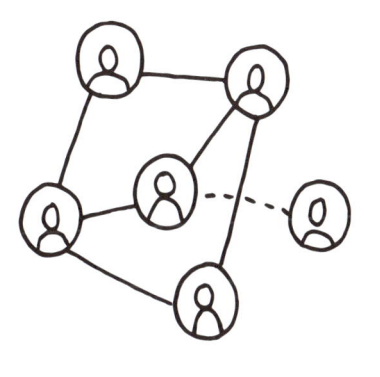

這些人是真正最能拓展你的人際網絡與思考的人，因為他們不在你目前的朋友或同事圈之內。

PART 3
去蕪存菁

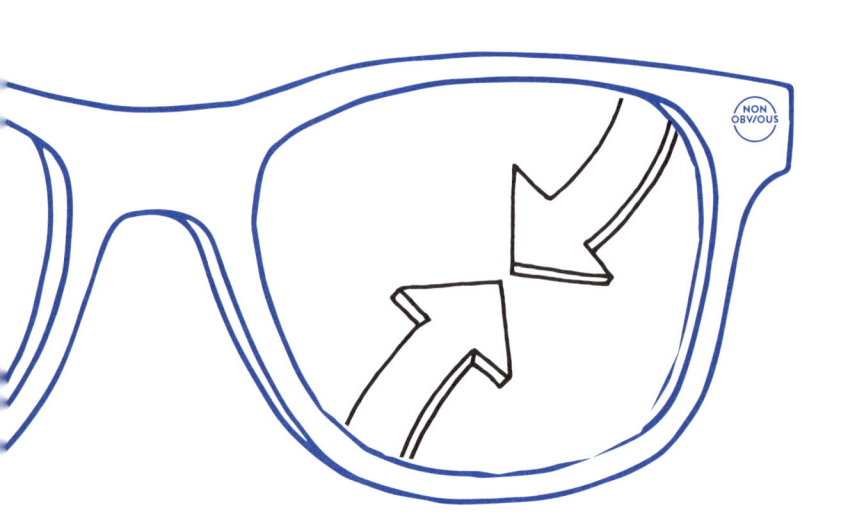

去蕪存菁

　　每年五月，數十名農人會來到土耳其安納托力亞省的南方田地，從清晨就開始撿拾盛開玫瑰最柔軟的花瓣，再以水蒸氣蒸餾出舉世聞名的大馬士革玫瑰精油。

　　一滴珍貴的玫瑰精油，需要一萬朵玫瑰的花瓣，其每盎司的價值高過黃金。時間與諸多原料的結合，創造出了這種世界級的珍品。

有兩百五十年歷史的愛爾蘭沃特福（Waterford）水晶廠，以有心出師者都須經過八年學徒訓練而聞名，在這長達八年的培養過程中，學徒們要學習如何刻劃每道必要的玻璃刻痕，以製造出其高檔的奢侈水晶碗、水晶瓶、水晶杯。

結束培訓後，這些工藝大師就會像前述的土耳其農家般，使用特殊的蒸餾法來集中處理許多成分，創造出美麗、精緻，又十分特別的產品。

SIFT方法的第三步「去蕪存菁」，牽涉的也是同樣的蒸餾過程。我們最喜歡的比喻是通常與博物館有關的這個詞：策展。

{ **策展的藝術，在於學會判別何者最具意義。** }

博物館策展人不僅是辦展覽的人，也要定期決定是否要拿下某些展品不展出。哪些繪畫應該要收進倉庫？哪些珍品應該暫且拿下來，因為不適合展覽主題？

我們大多數人就如博物館策展人，面對著要使點子去蕪存菁的類似挑戰。

SIFT法的前兩個步驟，已教會你懂得如何創造空間來容納

新點子、發掘新洞見了。但要如何去蕪存菁,仍可能令你不堪負荷——不過,大可不必。

一個有益的做法是採用科幻作家艾薩克・艾西莫夫(Isaac Asimov)的名言,成為一名「快速理解者」,即擅長從噪音中區分出信號的快手。

第三部將告訴各位如何聚焦於你點子中的核心要點,讓你成為自己的快速理解者。

去蕪存菁

辨識真正的問題所在

發現水分

成為滿足者

看見事物的另一面

為自己設限

創意增幅

13

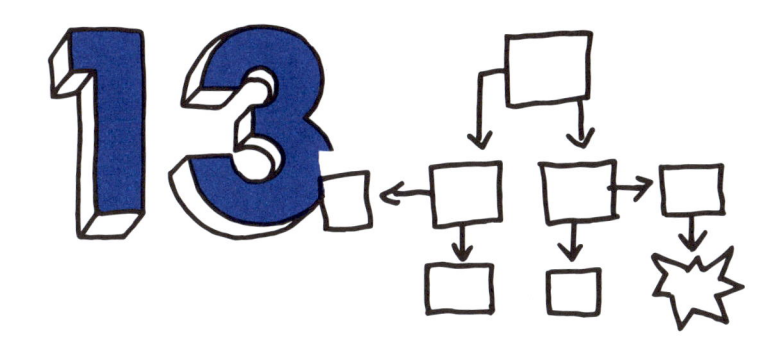

辨識真正的問題所在

伊萊沙・奧的斯（Elisha Otis）並非電梯的發明人，但談到世界各地的人們，每天都在搭乘的這種不起眼的室內運輸工具時，卻非提起他的名字不可。

他所創造並在1853年的紐約萬國博覽會所展示的，是第一部客用安全電梯。在這項發明面世以前，電梯的使用已經很廣泛，只是從未用來載人。纜線斷裂而使乘客猛然摔死的危險，使大家對搭電梯敬謝不敏。

在當年的萬國博覽會中，奧的斯爬進開放式的電梯平台，後面還站了個手持斧頭的不祥人物。

預定的時間一到，那假扮的破壞者便在驚恐萬狀的觀眾面前

切斷繩索。但奧的斯並未摔死,而是在安裝於電梯裡的安全制動器作用下,安穩地待在驟然停止的電梯裡。

這可說是世上第一個名符其實的電梯簡報(譯註:電梯簡報〔elevator pitch〕原是指在很短的時間內精簡地進行案子或產品的簡報,這裡是雙關語)。

> **非顯見思維往往是從聚焦於解決根本問題開始的。**

在奧的斯的戲劇化展示後,很快地,電梯開始廣泛安裝了安全制動器,成為作者暨經濟學家提姆・哈福特(Tim Harford)筆下,所謂「形塑現代經濟的五十大發明」之一。電梯揭開了建築的新世紀,使建築物變得更高,進而使城市的人口變得更稠密。

現代創業家也追隨奧的斯的腳步,認同這句真言:**愛上問題,而非解方。但真正需要解決的問題,往往比表面上所看見的更微妙**。在電梯的例子中,表面上奧的斯解決的是搭乘電梯潛在的危險問題。安全制動器的發明就是問題的解方。

不過,真正的問題其實是要消除市場的疑心,說服他們相信自己的發明很可靠,足以保障乘客的性命。那才是他在萬國博覽會令人難忘的驚人表演中,所真正解決的問題。

保健領域也可見到這類解決問題的心態。舉例來說，今日許多疼痛管理醫師已不再急著開藥方緩解疼痛，而是將焦點放在背後的醫療問題上。這些醫師的成長已使他們明白，疼痛是人體傳送訊息的方式，而他們將用心聆聽。

　　選擇是要忽略還是重視這些信號，潛在地意味著是要誘使病患對止痛劑上癮，還是為他們提出更能處理慢性疼痛的好方法。

　　在大多數富挑戰性的情境中，都很可能有表面問題與內在根源的區別。培養深入挖掘根源的技能，協助你聚焦於那些隱藏的問題，往往正是顧問的工作。顧問懂得如何聰明地發問，並從回答中**辨識並聚焦於真正的問題所在**。

　　我們來回顧幾個協助你做到這點的技巧。

如何辨識真正的問題所在？

瞭解挫折的根源

讓挫折成為一種啟發。追根究底地找出困擾的根源，有助於為你指出正確的聚焦方向。今日我們所認識的許多品牌，其創建的起源就是這麼來的。

一個有名例子是里德・哈里斯廷（Reed Hastings），他創立網飛的念頭，就是因為百視達（Blockbuster）為一支晚歸還的錄影帶收他四十美元的費用。

從惹怒你的事究竟為何惹怒你來獲得啟發，能協助你聚焦，引領你開發自己的非顯見思維。

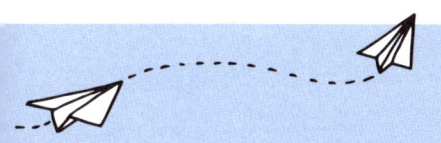

五個「為什麼」

下次你需要發掘一個潛藏的問題,以找出真正的焦點時,請使用「五個為什麼」方法——詢問某件事為何是這個樣子,並在每次回答後繼續追問「為什麼」五次。

豐田汽車(Toyota)創辦人豐田佐吉(Sakichi Toyoda)所推廣的這種思考模式,也有助於你更快找出問題底下真正的根源,並在過程中發現自己的焦點。

去蕪存菁

辨識真正的問題所在

發現水分

成為滿足者

看見事物的另一面

為自己設限

創意增幅

發現水分

　　在人類生存的悠久歷史中，尋找外星生命是相對近期的事。數千年前，我們的老祖宗很可能曾仰望著夜空中的銀河興嘆，但對太陽系仍所知甚少。今日，隨著我們對太空的理解日益增加，科學界內外皆有很多人相信，在我們的行星之外，仍可能有生命存在。

　　「適居帶」是尋找外星生命的基石，這個詞是五十多年前所發明的，其理論是銀河中的每顆星球皆有一個既不太熱也不太冷（而是條件合宜）的地區，以留住水分，而至今我們仍相信，水是所有（我們已知的）有機生命存在的先決條件。

換句話說，與其漫無邊際地尋找外星生命的信號，更有效的方法是集中尋找行星上或許有水的適居帶。找到水分，或許就能找到外星人。

就像天文學家相信水是外星生命可能存在的關鍵指標，尋找常見的主題或模式能協助你去蕪存菁，找出自己最重要的洞見與點子。

> 找出點子中的常見元素，
> 能協助你專注於大局。

羅希特為其經典的「非顯見趨勢」書系撰寫《洞見趨勢》（*Megatrends*）時，便採用了這種方法（譯注：2020年遠流出版的中譯本名為《洞見趨勢》，內容為2011～2020年的全球趨勢綜觀）。過程中，他必須從過去十多年來所呈現的一百二十五個以上的趨勢中，辨認出最重要的主題。

從2011年報告的某個趨勢開始，當時他提出社交媒體將使名人變得更親民。後來各年的其他趨勢顯示，公司開始表彰員工的英雄面、奢侈品品牌變得更平易近人、瑕疵品反而因古怪而贏得人們歡心、創造更多人性體驗則成為大小公司的革新驅動力。

他口中的「人性模式」，是這些趨勢的常見主題——隨著世界日益數位化，人反而更著重尋求親身參與的、真實的、有時不

完美的體驗,這些體驗是以同理心為設計主軸,表現出人性面。

羅希特的趨勢策展法,以及在遠方世界尋求水分的觀點,皆例示了辨識常見元素,能協助你從琳瑯滿目的點子中找出最重要的點子來,特別是乍見之下未必相關的點子。

從你的洞見中尋找那個常見元素,聚焦於真正的要點,那就是你要尋找的水分。

如何發現水分？

聚焦於共同點

與不同文化背景的人往來時，尋找共通的經驗、價值觀、興趣等，能引領你們找到共同點。試著辨認彼此的更大共同點，而非在差異下漸行漸遠，才能讓同理心萌芽。

人們經常將音樂形容為普世語言，地球上的每個文化幾乎無不有某種創造節奏的鼓或敲打樂器。這是個完美的比喻，但你並不是一定要有音樂能力才能聽見鼓聲，只要用心聆聽就夠了。

實際將點子鋪在眼前

要更能辨認自己的點子有何共同點，有時實際把那些點子排列出來是有幫助的。

請使用白板、數位協同平台，或單純地找一張桌子，拿出你從雜誌撕下的那疊文章與廣告，清清楚楚地鋪在眼前。

正因為那些點子摸得到、看得著，比數位內容更稀有，所以在去蕪存菁的過程中也更有意義。

去蕪存菁

辨識真正的問題所在

發現水分

成為滿足者

看見事物的另一面

為自己設限

創意增幅

成為滿足者

在社會學與行銷領域最有影響力的一本書,出版至今已有二十年。首次面世時,它挑戰了消費選擇愈多愈好的根本成見。

貝瑞・史瓦茲(Barry Schwartz)在《選擇的弔詭》(*The Paradox of Choice*)中指出,太多選擇會減少人們的幸福感,增加焦慮感,這個說法震驚了企業界。

史瓦茲在書中表示,我們花愈多時間決定要買哪樣商品,事後反而愈容易後悔。在某種意義上,這本書預測了日後辭典所收入的「錯失恐懼症」(fear of missing out,簡稱FOMO)一詞的出現。

這本書的一個主旨是,依情境而定,大多數人不是「最大

化者」（maximizers）就是「滿足者」（satisficers）。最大化者「追求且僅接受最好的」，往往覺得需要時間研究並斟酌其選項，確保自己的最終決定或要購買的商品是最好的。

矛盾的是，最大化者在後悔量表上的得分很高——心理學家用這種量表來衡量人們對過去的某個決定後悔的程度。

即使最大化者的最終決定或結果從客觀角度來看較好，他們往往也不太滿意自己的選擇，並認為自己非知道其他選擇的最後結果如何不可。

> **學習欣賞某個點子的長處，而非總是想尋求更多選項，是集中焦點的關鍵。**

相對的，滿足者「安於已經很不錯的選項，不擔心可能有更好的選項出現」。你或許會認為，身為滿足者意味著願意安於次要的選項，但史瓦茲指出，滿足者辨識好壞的能力其實和最大化者不相上下。

依據史瓦茲的說法，成為滿足者是「不受排山倒海的選項主宰」的祕訣。

從坐在沙發上決定要看哪個節目，到面對雜貨店貨架上的二十八種（或更多！）牌子的義大利麵醬，太多選項造成的混亂，侵入了我們生活的各方面。如果你能學會像個滿足者般思考，決

定要把焦點放在哪裡就容易多了。

　　採用這種心態並不是真的為了做出更好的選擇，而是**忠於你做出的選擇**。

　　滿足者不會多想原來的其他選項，反而會對已經做好的決定加倍用心，充分發揮那個點子。

　　除了協助你避開選擇癱瘓的困境，滿足者的心態也能讓你義無反顧地聚焦於一個點子，全心全意地充分理解並開發那個點子——也許還能在過程中看見別人所忽略的細節。

如何成為滿足者？

成為主動而非被動的選擇者

你做選擇的標準是什麼？也許是看選項而定，但科學指出，重點是要確保你心中有一把尺。

史瓦茲說明，主動考慮你的選項，能讓你成為主動而非被動的選擇者。

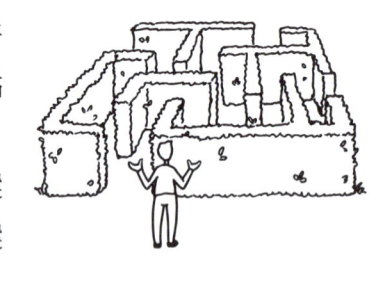

被動的選擇者會被琳瑯滿目的選項壓得喘不過氣來，主動的選擇者則會聚焦於其決定的重點，必要的話會想像一下其他決定的後果，但接著他會義無反顧地勇往直前，不再去想本來的其他選項。

請成為主動的選擇者。

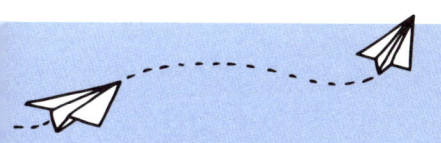

決定要信任誰

當你面臨有許多選項的決策時，有時把事情簡化的唯一方法，是求教於在這方面你最信任的人。

請找出正確的專家——或花時間決定你最信任誰的忠告。接著從他們的觀點來考慮其建言。

在變項很多、如果你缺乏指引就難以抉擇的情境下，這或許是縮小焦點的一種理想方式。

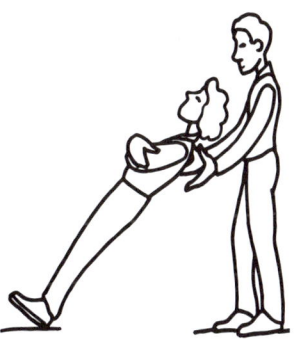

去蕪存菁

辨識真正的問題所在

發現水分

成為滿足者

看見事物的另一面

為自己設限

創意增幅

16

看見事物的另一面

快看！你看見了什麼？鴨子還是兔子？

這個有百年歷史的視錯覺，長久以來一直是研究者試圖理解人類大腦的工具。

有些團隊的理論是，你第一眼看見哪個動物，顯示出你主要是左腦人還是右腦人。有些研究則指出，你在鴨子和兔子之間轉換的速度愈快，或許就顯示你的大腦愈靈活。

有支研究團隊則換個方向測試這個假設：你第一眼看見哪個動物，是否會受季節影響？他們的結果顯示，在復活節前後，看到兔子的人會變多。在其他時候，據報告看見鴨子的人占多數。

> **觀看事物的角度不止一種，真正的挑戰在於能否採用不同的角度觀看。**

在一個多世紀以來的眾多研究中，有一點從未引起爭議——兩個答案都是對的。

在我們這非黑即白的現代社會，很難想像有人能接受這種結論。人們無法肯定真相究竟為何，但他們似乎很確定自己是對的，別人是錯的。

但如果同樣看重兩個矛盾點子的能力，才是貨真價實的真理呢？

科學對這類視錯覺透露出了人類大腦的哪些真相尚無定論，但他們提醒我們，**看待事物通常有另一種方式——只是起先你沒看出來**。

1990年代，以立體圖像為主的「魔眼」書系出版，書中的圖片雖是平面，卻隱含著整合到2D模式中的3D圖像。

唯一能看出這些隱藏圖像的方法,是改變眼睛的焦點,不盯著圖像本身看,而是看透圖像。

這些「魔眼」圖像掀起的熱潮雖已消褪,但仍為我們提供了一個恆久的教誨:只要換一個角度,或許就能發現事物本來很難察覺的另一面。

最重要的不是你第一眼看見的是哪一面,甚至也不是你能多快發現「魔眼」系列中的隱藏訊息,而是**你究竟看見了沒?**

有些人似乎很確定其他人只是裝作看見了根本不存在的東西,你能否理解他們的觀點?

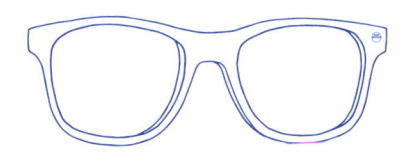

如何看見事物的另一面？

擁抱真相的雙重性

在持續誘導我們以非黑即白的方式看待事物的世界，接受灰色地帶能帶給人一種輕鬆感。

上面的圖像既是鴨子，也是兔子。

鴨嘴獸既是一種哺乳動物，也是一種爬蟲。

杯子可以看成是半滿，也可以看成是半空。

擁抱兩個以上看似不相容的事物，其實同是真相的可能性，是一種有深度的觀念。但如果你用心注意，你會發現展現多種可能性的例子，遠比你所以為的還多。

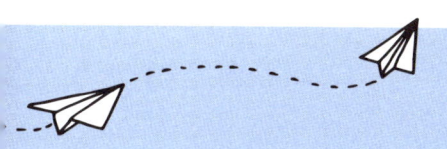

述說情境式的背景故事

遇到某個粗魯的人惹你生氣時，不妨問問自己：怎樣的情境能把這種行為合理化？

舉例來說，如果有人超你的車，不妨想像他們是因為事態緊急，必須趕赴醫院。

心理學家，認為這種技巧能協助你從任何情境的另一面看事情，即使是面對讓你吃虧的人，也可以選擇拿出更多體諒與善意來過日子。

去蕪存菁

辨識真正的問題所在

發現水分

成為滿足者

看見事物的另一面

為自己設限

創意增幅

17

為自己設限

　　現代史中最著名的一位博士，因為一次在麥迪遜大道散步的契機，而在日後揚名立萬。

　　朋友們都稱呼他為泰德，儘管他沒接受過任何醫學訓練，卻為自己冠上了「博士」的稱號（編按：泰德會以 Dr. 自稱，有個原由是母親曾希望他成為醫生）。他夢想成為出版作者，卻一連被出版社拒絕了二十七次，令他深受挫折。

　　終於在 1937 年，某天他走在街上，碰到了以前的一位同窗，正好在名為先鋒出版社（Vanguard Press）的公司任職。這位朋友同意出版泰德的處女作《我在桑樹街上看到的一切》（*And to Think That I Saw It on Mulberry Street*）試試水溫。

沒想到書一上市，旋即熱賣，蘇斯博士（Dr. Seuss）也自此一躍成為家喻戶曉的名人。

十多年後，蘇斯博士當時的編輯威廉・史保定（William Spaulding）提出了一個點子。

1950年代，人們愈來愈難啟發孩子們享受閱讀。電視成為難以抵擋的選項，孩子們一個個拋開了書本。史保定詢問泰德寫不寫得出「讓小學一年級生不忍釋卷」的故事——而且僅能從一張不超過三百四十八個詞彙的清單中，挑出最多二百二十五個字來寫。

蘇斯博士接受了挑戰，最後僅以二百三十六個字寫出了《戴帽子的貓》（The Cat in the Hat）。

幾年後，另一位朋友又進一步提出了類似的挑戰，請蘇斯博士僅用五十個特別選出的詞彙寫一本童書。他因此寫出了其豐富職涯中最暢銷的書《綠雞蛋和火腿》（Green Eggs and Ham）。

> **設限能迫使你拿出更多創意，以有限的資源達到最大的效果。**

就如《戴帽子的貓》與《綠雞蛋和火腿》，人類史上最歷久彌新的一些創意作品，就是藉由設下這類有益的限制激發的。

著名藝術家亨利・馬諦斯（Henri Matisse），在人生最後幾

年不得不在床舖與輪椅上度過。無法站立也無法再拿畫筆的他,創造了一個新的藝術消遣活動:剪紙。多年後,他以這種自稱為「剪刀繪畫」的方法,創作出了自己最知名的一些作品。

1980 年代中期,傳奇任天堂遊戲音樂作曲家近藤浩治(Koji Kondo),為超級瑪利歐兄弟遊戲作原聲帶時,也面對著類似的絕境。他奉命要以最少的數據來作曲,最後他僅以五個重複音符作出了曲子,為避免單調惹惱玩家,這五個音符以出人意表的方式不斷循環。

今日,超級瑪利歐的音樂已公認為史上最佳的電玩遊戲原聲帶之一。

上述創作者所面臨的限制能激發更好的點子,是因為它們為創意提供了架構。科學顯示,**選項有限時,人就較可能發展出多樣而有創意的解決方式**。

當你聚焦於策劃自己的點子時,不妨考慮為自己施加一點創意的限制。比方說,把點子限定在某個特定產業的範圍內如何?如果僅有不到四十八小時,你能達到多少合理的成就?

要記住,你逼迫自己以更少的資源來創新時,就會以嶄新而有趣的方式為點子去蕪存菁。

如何為自己設限？

實行減法藝術

正如作家安托萬・德・聖修伯里（Antoine de Saint-Exupéry）的名言所說的：「設計師知道成品十全十美，不是因為再多也僅是錦上添花，而是因為已經減無可減。」請擁抱這個哲學，減少醞釀點子的時間，或減少參與決策的人數。

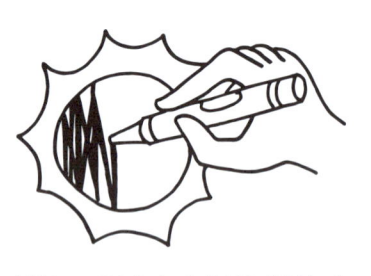

你也可以限制自己僅使用（或不使用）哪些技術，或是限制可得的預算。

每種選擇都是透過刻意的減法，而使焦點更清晰的例子。

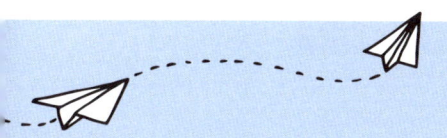

簡潔至上

推特原本的一百四十字限制,使其早期用戶必須先過濾自己的思維,由此激起了一種全新的溝通方法。

這種強制性的限制不容許人娓娓道來,但能協助用戶聚焦於其最重要的那一點。

你也可以採用類似的方法,務求簡潔,並在你所有的交流(從電子郵件到合約)中使用淺白的語言。

去蕪存菁

- 辨識真正的問題所在
- 發現水分
- 成為滿足者
- 看見事物的另一面
- 為自己設限
- 創意增幅

18

創意增幅

查理・道格拉斯（Charley Douglass）有一個大小和滾輪式迷你冰箱一樣的祕密。

1950與60年代，道格拉斯是每個大型好萊塢電視攝影棚的笑聲大師。他的經典「笑盒」（Laff Box）是個看似打字機與小型移動式鋼琴的奇妙發明，附金屬線，能產生數百種的群眾笑聲，從驚訝的駭笑、捧腹大笑，到緩慢消失、僅剩一人還意猶未盡的笑。

由於笑盒的成功與電影業相互廝殺的競爭本質，道格拉斯對笑盒如何運作是出了名地諱莫如深。他的三緘其口使他壟斷了罐

頭笑聲業數十年,其笑聲音軌至今仍在業界流通。

廣播電視是一個新娛樂範疇,讓人們能在家自己看節目,而笑盒的用意是為廣播電視模仿真實生活的觀眾笑聲。道格拉斯手法純熟的背景笑聲,就像給電視節目灑上了糖,當時的電視評論家說,他「給予人們發笑的許可」,協助觀眾聚焦於笑話,使搞笑節目變得更有趣。

罐頭笑聲是創意增幅(augmented creativity)的一個例子——這是一種聚焦於某個人或某項產品,加強其創意的方法。「加糖」是個貼切的比喻,表現出創意增幅是如何運作的:就像把糖加入茶中。

今日,運用生成式人工智慧工具(GenAI),使創意自動增幅的方法很多。你可以用 AI 濾鏡來改善任何錄音的音質,或填滿某張破損或拉得太近的相片的缺損細節。或者,你也可以運用 AI 工具精進自己的文筆或生成文本,讓文章「更甜一點」,變得更清晰、更簡潔或更有創意。

隨著 GenAI 日益成為人們日常生活、職場與任何新專業任務的主要成分,整合這項工具,以富生產力而合乎道德的方式從中獲益的挑戰,將愈來愈迫在眉睫。不過,如果你學會如何善用它,便會發現自己的力量大幅提升,使你更有成效與創意,生產力也更高。

> { 尋找合作夥伴（人類或技術）來加強創意輸出，能協助你找出焦點。}

　　如同笑盒，這類工具加強了你自身點子的創意。它取代不了你的創意努力，但能成為你的合作夥伴。

　　在那個意義上，你不妨善用 AI 技術，或求助於同事，以使你的創意增幅。不論用哪種方式，重要的是你可以藉由尋求人類或科技形式的創意合作夥伴，為你的點子去蕪存菁。

如何使創意增幅？

生成一些批評

我們撰寫本書時，會定期將內容輸入 GenAI 工具，要它提出對該段內容的一星負評。我們也請 GenAI 工具從幾個不同角度閱讀，並為各章提出總結：包括一位十九歲大學生、一位公司剛起步的創辦人、一位行銷總主管的角度。

這個手法協助了我們改善內容。你試著提升點子的非顯見性質時，不妨也以這種方式使用這類工具，迅速獲得因應你的要求的回饋。

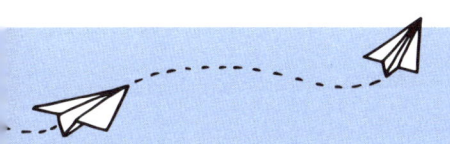

尋求更多合作

本書也從很多其他聲音中獲益，它們在本書形成初期提供想法、對點子提出回饋，並協助完善書中的教誨與洞見。

這類合作來自各種活動、對話、訪談，以及我們在寫書期間所求教的諸多對象，還有一群早期的讀者群。

你感覺自己缺乏焦點，或拿不定主意哪一點是重中之重時，尋求外在觀點，也能成為協助你找出焦點的關鍵。

PART 4
觸類旁通

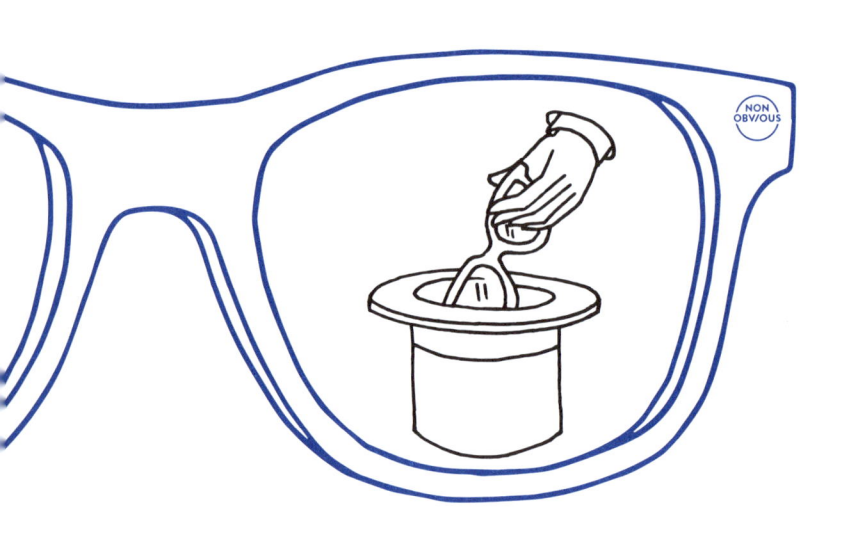

觸類旁通

颶風與颱風的唯一差異,是發生在世界的不同地區。兩者都是熱帶氣旋,都是水面上的環形風暴,因為低氣壓而形成疾風。

近一百五十年前,美國發明家約翰・芬奇(John M. Finch)從這類氣旋中獲得靈感,建造了一種機器,能蒐集大範圍的灰塵。這種「旋風分離器」日後會在鋸木廠和其他工廠中使用數十年。

多年後,另一位發明家目睹旋風分離器在鋸木廠運作的情形後,突然心生一念:也許這種機器可以縮小也不一定。

他認為迷你旋風分離器在商業上能變得更成功，也能有效解決日常問題。

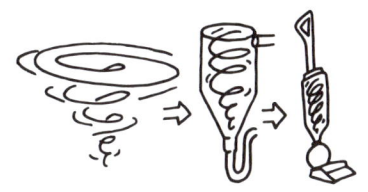

經過多年實驗，研發出五千多個失敗原型後，最後他發明了DA001，一種使用專利「雙氣旋」技術的直立式吸塵器。

「D」代表著這位發明家的姓：戴森（Dyson）。

這段故事引人入勝的地方不是詹姆士‧戴森（James Dyson）發明了一種使公司增值至十億美元的技術，並帶來諸多革新，使吹風機、暖氣機、電風扇等諸多家用產品脫胎換骨。

精彩之處恰恰在於，旋風分離器不是他的發明，而是別人發明的。

戴森看見了它的不同潛能，並將其縮小。換句話說，他懂得如何**觸類旁通**。

> 觸類旁通，是指將你深思熟慮的點子帶往出乎意料的方向。

SIFT方法的最後階段「觸類旁通」，是指用你的洞見來創造或想像，別人所想不出或前所未見的原創新事物。

觸類旁通是使魔法發生、使非顯見思維變得具體可行的地

方。

　在第四部中,各位將學到我們以獨特的新方向推動思維、甚至將之實現的一些愛用方法。

觸類旁通

- 逆向思考
- 尋找選項 C
- 研究謎題
- 對立思維
- 交叉思考
- 創造自己的密語

逆向思考

艾倫・山姆（Aaron Sams）與強納森・貝格曼（Jonathan Bergmann）在科羅拉多州的一間小型高中擔任化學老師時，宣布了一項不尋常的決定：他們不再於課堂上教課。

他們反其道而行，用智慧型手機把教課內容錄下來，事先放在 YouTube 上請學生在家看。沒有網路的學生可以把檔案存在隨身碟裡。那沒有電腦的同學怎麼辦？沒問題，兩位老師將內容燒成 DVD 光碟。這樣就萬無一失了。

早在 2007 年，這對教師拍檔就採用過一種重新發明課堂時間的模式。

與其坐在教室裡五十分鐘聽老師上課，不如讓學生們在家聽

課,課堂時間則用來回答問題、討論、做實驗、一對一教學等。

這兩位老師並不是「翻轉課堂」(flipped classroom)的第一人——但他們是推廣這場運動的推手之一。而使這種模式迅速流傳的最大功臣,或許是可汗學院(Khan Academy)的熱門教學影片。

這間學院是由教育創新家薩曼·可汗(Salman Khan)所成立的免費線上學習平台,迄今已張貼了主題五花八門的數千部影片,協助任何年齡的學生,在傳統教室之外的環境學習。

這類逆向思考,即將規則倒過來解決問題的思維,對教育以外的許多其他領域也頗有助益。這也是一種能有效界定何謂觸類旁通的辦法。

逆向思考始於深刻思索體系背後的規則與事情的運作之道,接著是提問:**若是把事情倒過來做,又會如何?**

維維克·拉維桑卡(Vivek Ravisankar)首度在班恩的創投公司提出新公司的案子時,曾將履歷表形容成黑洞。儘管履歷表簡明列出了某人的工作經歷,但仍無助於看履歷表的人判斷,對方有多少真才實學。

在多數雇主重視技能高過學歷的世界,這種瀏覽履歷的方式似乎很落後。如果是以真實生活的場景表現那些技能,而不是寫下一長串技能的話,情況會如何?

> { 把規則倒過來，刻意挑戰傳統智慧，逆轉他人的做法，結果將會如何？ }

這個問題啟發了拉維桑卡共同成立 HackerRank 線上平台，讓程式開發者對公司與雇主張貼在平台上的挑戰，進行技能上的較量。這個平台使開發者能在求職時展現技能，因而大獲成功。如今世上的六千萬個軟體開發商中，有四成都註冊了這個平台，其公司現值估計在五億美元左右。

在雇用軟體開發工程師時，以展現優勢與技能的工具來取代傳統履歷表，這個點子就是一種逆向思考的例子。

就如那兩位科羅拉多州教師或 HackerRank 平台的創辦人，你也可以運用逆向思考來觸類旁通，但你必須樂於質疑目前事情進行的方式──並鼓起勇氣翻轉現狀。

如何
逆向思考,找出解方?

反其道而行

　　反其道而行,逆轉「歷來」做事的成規,能給你一個不同凡響的視角。

　　舉例來說,許多公園的健行路線會給你一個周遊園區的路線指引。但逆著箭頭所指的方向走又何妨?反其道而行,能為本來熟識的路徑提供一個獨特的視角。

　　你不妨也以這種哲學來面對任何專業或個人挑戰。你能在減少合作的情況下解決問題嗎?提高產品價格,會不會反而能刺激銷量?詢問自己這類關於逆轉的問題,有助找出解決問題的新方法。

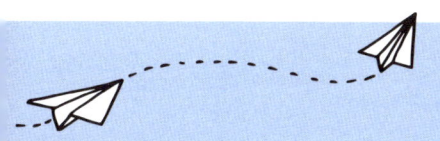

做令人難以想像的事

行事不按牌理出牌的電子商務鞋商薩波斯（Zappos.com），過去曾付四千美元請員工離職，因為他們相信（根據諸多企業數據）鼓勵新員工早點離職，比讓他們待在自己不喜歡的角色中好。

這項策略的成效好到，讓該公司成為人力資源的案例研究對象，其忠心耿耿的員工與親切無比的顧客服務，是亞馬遜（Amazon）在2009年花十二億美元買下這間公司的關鍵原因。

付錢請員工離職的做法翻轉了一般的入職模式，因為這種事難以想像。

學習逆向思考，也可以從類似的問題開始：**你可以做出哪些難以想像的改變？**

觸類旁通

- 逆向思考
- 尋找選項 C
- 研究謎題
- 對立思維
- 交叉思考
- 創造自己的密語

20

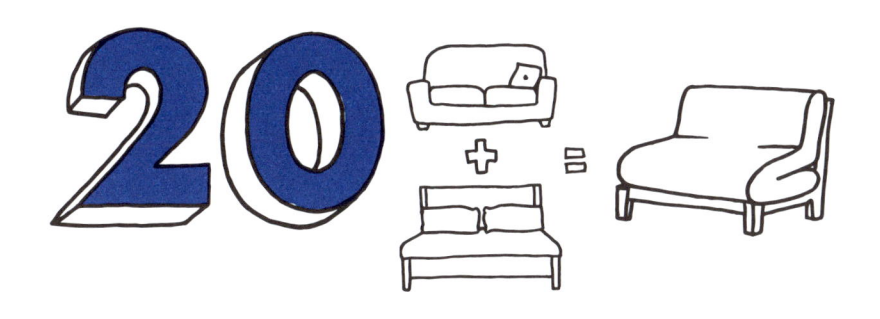

尋找選項 C

儘管在西方沒沒無聞,根里奇・阿奇舒勒(Genrikh Altshuller)窮盡一生研發的方法,卻協助了數千人以更有創意的方式解決問題。

他的旅程起自於對申請專利的執著。在研究數萬筆資料後,他逐漸生出一股強烈的信念,認為要讓社會發展更蓬勃,關鍵是鼓勵並教導每個人發揮更多創意。不幸的是,他的點子與當時的蘇維埃共產政權格格不入。

阿奇舒勒天真地相信自己的洞見能動搖政策,因此寄了一封讓自己下場悽慘的信給史達林,建議讓蘇維埃的各級學校與工廠,教導大家如何以創意解決問題。

史達林的心胸並不如他以為的寬大。阿奇舒勒以政治罪名遭

逮捕,被判在靠近北極圈的勞改營做苦工二十五年。

史達林過世後,阿奇舒勒獲釋,並成立了開創性的「亞塞拜然發明創意公共機構」(Azerbaijan Public Institute of Inventive Creativity)。

他和同事們開發出一種名為 TRIZ(俄文縮寫,原意為「發明式問題解決理論」)的創意思考法。該理論的其中一條核心原則是阿奇舒勒稱為「矛盾」(the contradiction)的心智盲點。

{ 避開非黑即白的思維局限,能協助你獲得更細膩、更具原創性,且其他人無從想像的第三選項。 }

阿奇舒勒相信,**學習像個外行人般思考,是看透非黑即白的選項、找出吸引人的「選項 C」的關鍵**。

波士頓木工藝家、設計師、建築師威廉・布勞爾(William Brouwer)是這方面的完美榜樣。布勞爾曾定居日本多年,習慣了白天捲起鋪蓋省空間,晚上再鋪開來睡的生活。

但他知道在美國,人們雖然也很希望省空間,卻絕不會接受放棄床架改打地鋪的念頭。因此,他發明了 S 型床架,也就是鋪平是床、立起來就是沙發的一種移動式家具。今日,我們將他的設計稱為「蒲團床墊」。

蒲團床墊是選項 C 的經典例子。這種典雅的混合解方提出

了增加一張床的靈活度,消除了逼客人不得不打地鋪的不周到體驗。

如果你平常便養成習慣,不將思維局限在最顯而易見的簡單選項上,就能開始挑戰自己的心智,放大自己的思維格局。**唯一能看見第三選項的人,就是選擇問自己為何那個選項不存在的人。**

如何找出選項 C？

超越非黑即白的選項

眼前僅有非黑即白的選項時,請想像有第三個選項存在。

當初羅希特創辦「非顯見圖書獎」時便運用了這種技巧,藉由拒絕「銷量」與「領導力」等傳統主題領域,創造出了轉折。

☐ ORANGE
☐ APPLE
☐ other

該獎使用的是非同一般的範疇,例如「最重要」、「最有效」、「最有娛樂性」、「最值得分享」、「最具原創性」等,來嘉獎更有趣而多樣的一群得主。

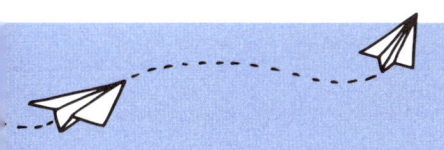

混種思考

　　找出兩種選項的最佳混合方法,能引你走向混種的解決之道。

　　一個例子是所謂「混種出版」的圖書業。在這種相對較新的模式中,作者放棄預付金,並對出書負起更多財務責任,以換取更高比率的版權金,以及對成書的更多掌控權。

　　對許多作者包括我們來說,這種混種解方是理想的選項C,結合了傳統出版的最佳元素,並加上更多彈性,也提升了作者對成品的掌控力。

觸類旁通

逆向思考

尋找選項 C

研究謎題

對立思維

交叉思考

創造自己的密語

21 ENIGMATOLOGY

研究謎題

　　世上第一個謎題學學士，是一位積極上進的印地安納州謎題製作人威爾‧秀茨（Will Shortz），他在 1974 年獲得學位。將近五十年後，已有數百萬人接觸過他的作品，廣受世界各地歡迎。

　　秀茨是《紐約時報》的填字遊戲編輯，這個角色需要他每年想出一萬六千個以上的填字提示。

　　他在訪談中提到，製作字謎時，寫提示的「竅門」很重要，也就是說，要讓提示指的是這一頭，但答案卻在另一頭。

　　秀茨以自己龐大無比的謎題庫（世上最大的私人謎題庫）為靈感來源，不斷思考如何將稀鬆平常化為神祕難解。

　　偉大的謎題提示與答案，往往是取材自我們已知的資料，但改變其呈現的樣貌或意義。

舉例來說，在 2012 年的美國填字遊戲大賽中，一個字謎的題目是「牛耕式轉行書寫法」（Boustrophedon），這是一種每行書寫方向相反的古代書寫形式，這一題要求參賽者答出哪些東西是「從左到右，再從右到左」運作（如割草皮或點陣式印表機）。

{ **用謎題製作人的心態來開發你的點子，能使已知再度變成未知（且令人無法抗拒）。** }

「牛耕式轉行書寫法」這個謎題廣受歡迎，正是因為它迫使解題者**用全新的角度思考他們所熟悉的事物**。這也是謎題製作人將已知化為新意，使謎題引人入勝、不可抗拒的絕佳範例。

世人公認滑板是由一份加州衝浪雜誌的出版商賴瑞・史蒂文森（Larry Stevenson）所發明的，他認為這種「沒有把手的速克達」，能吸引想在陸地上衝浪的衝浪客。

1963 年，史蒂文森推出了第一款附下坡板（滑板末端為因應各種花招、跳躍、旋轉的需要而設計成上揚弧形，結果大受歡迎）的滑板。這種滑板的靈感是來自某個已知的事物——衝浪板，但史蒂文森觸類旁通的靈感使其變得截然不同，令人無法抗拒。

傳奇謎題製作人將人們已知的事物，重新發明成更令人愉悅

的東西,同樣的原則也協助史蒂文森發明了一種嶄新的交通與消遣形式,日後更成為一種文化象徵,甚至在夏季奧運中贏得令人欽羨的「表演項目」地位。

研究謎題學,意味著從已知獲得靈感,並在觸類旁通下使其變得獨一無二,歷久彌新。

如何從謎題學獲得啟發？

為小細節賦予意義

　　生產比利時「時代啤酒」(Stella Artois)的啤酒商，將平凡的啤酒杯轉化為鍍金邊的經典「高腳杯」——使其成為該品牌所推崇的喝啤酒體驗。

　　雖然任何啤酒製造商都能這麼做，但今日這已公認是時代啤酒的一部分了。

　　從洗髮精到早餐麥片，行銷人員經常使用這種技巧來販售各種商品。

　　你不妨也使用看看，也許有助於你觸類旁通。

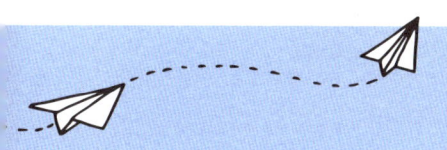

超越簡單的答案

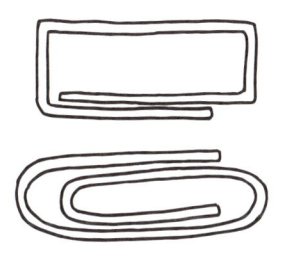

就像謎題製作人不提供輕鬆好解的提示,你也可以試著超越簡單的解方。

十九世紀末,大多數人都以帶子或繩子來捆紙。挪威發明家約翰・瓦勒(Johan Vaaler)一反成規,首開先河地採用精緻又優雅的迴紋針設計,並取得專利。

像個發明家般思考,能協助你找出同樣的機會,重新發明更聰明的做事方法。

這個轉折也許很簡單,但就像好謎題的最終答案一般,解題過程可不「簡單」。

觸類旁通

- 逆向思考
- 尋找選項 C
- 研究謎題
- 對立思維
- 交叉思考
- 創造自己的密語

22

對立思維

　　早在 2002 年，塔可鐘（Taco Bell）就已經是唯一不供應漢堡的大型速食餐廳，其行銷廣告也基於這點差異，聰明地請顧客「想想小麵包以外的選擇」，這條品牌標語之所以有效，是因為它精準提醒了人們塔可鐘的定位：它不是連鎖漢堡店。

　　悍馬汽車（Hummer）是從製作軍事級的重型車款起家。當初進入平民市場時，它請來動作片明星阿諾·史瓦辛格（Arnold Schwarzenegger）拍了一支頗獲好評的廣告，推崇這龐然巨物擺明自我中心的性格。

　　廣告詞極富爭議性地宣稱，這輛車能幫助男人「重振雄

風」,其訊息很清楚:悍馬的產品可不像路上其他車款那麼講道理或重禮貌,而是衝著你的臉刻意擺出大男人的姿態。

> { 從現狀的對立面來界定你的思維與點子,可以成功找出區分兩者的轉折。}

多年前,阿姆斯特丹的漢斯布林克旅館(Hans Brinker Budget Hostel)曾提出一個不尋常的行銷策略,打廣告自稱他們是「世上最差勁的旅館」,當之無愧。

其海報自豪地宣稱,他們從遺失房客行李到提供不及格的床墊,都很有一手,並自誇旅館的「遊戲間」就是畫在便利貼上的井字遊戲。

儘管做出了種種糟糕體驗的承諾,房間卻還是供不應求。

其他青年旅館的廣告都是宣稱住起來舒適,漢斯布林克旅館卻反而要旅人知道,他們的住宿體驗將遠比乾淨的床單更令他們難忘。

哪個橫越歐洲的大膽背包客,不會想住看看這間世上最糟糕的旅館,並與朋友分享這段體驗?

塔可鐘、悍馬、漢斯布林克旅館的廣告手法,是一種或許可稱為**「對立思維」**的策略。

這種方法之所以有效,是因為將點子定位在對立面。不同於

提倡反轉心態的逆向思考，對立思維乾脆從反面來界定某件事。

沒人會賣不是漢堡的速食，沒人會製造不重視環保或成本問題的耗油車子——大多數車商認為這是車主最重視的事。沒人會打廣告說，自家旅館的房間是全阿姆斯特丹最糟糕（也最惡名昭彰）的選擇。

反問自己：「在我們這個領域、產業或社區中，哪種論點是別人永遠不會提出的？」

答案將引領你邁向引人入勝的非顯見點子，協助你找出別人往往忽略的轉折。

如何提出對立思維？

重新思考「絕不」改變的事

貿易專家建議人們制定長期策略時，要聚焦於永遠不會改變的事物。要觸類旁通，你不妨嘗試在你的產業或市場中，挑戰看似絕不改變的假設。

例如哈雷機車（Harley-Davidson）始終把焦點放在男性身上，數十年後才意會到，女性也喜愛機車。於是他們改弦易轍，將行銷重點放在歡迎而非忽視女性上，今日它也成為女性中銷量最佳的機車品牌。

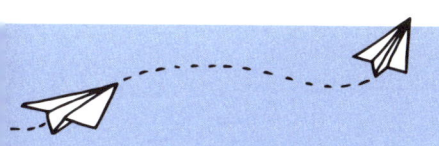

扳倒明敵

想像某個在明處的敵手——也許是真實世界中的某人,或是虛構人物、觀念或組織,然後盡力駁倒他們所代表、相信、從事的一切。

這項技巧能引領你找出一個難忘的轉折。非乳製奶品的迅速竄起就是個經典的例子。

大多數燕麥奶、堅果奶、豆奶的製造商,就是以「所有乳製品皆較植物奶更不健康」為其行銷基石。他們把牛奶當成敵人——迄今這招仍很管用。

觸類旁通

逆向思考

尋找選項 C

研究謎題

對立思維

交叉思考

創造自己的密語

23

交叉思考

「523 項目」是中共領導人毛澤東為一個出乎意料的目的，而籌組的祕密軍事小組。其名稱來自其成立日期：1967 年 5 月 23 日，內容是資助中國各地的五十多個祕密實驗室，設法找出惡性瘧疾的新療法或疫苗。頭兩年，結果不盡理想。

1969 年，事情出現了轉機。

一位名為屠呦呦的科學家奉命主持該計畫。她花了兩年時間，走訪中國各地的傳統中藥大師，深入遠方雨林，並蒐集古代藥典。

多虧她結合現代醫學與傳統中醫的訓練，她明白瘧疾是一種據信比人類更古老的疾病，因此古代智慧也許有幫助。她的直覺

帶來了回報。

根據某本寫於一千六百年前但久遭湮沒的古籍，其療法是將青蒿浸泡於水中喝下。

試驗並改進化合物後，屠呦呦團隊宣布，他們發現了一種有效療法，日後她稱之為「中國傳統醫學給人類的一份禮物」。

多年後，她的救人工作使她成為第一位獲得諾貝爾生醫獎的中國女性。

對屠呦呦而言，發現一項致命疾病的療方，需要融合現代與古老的知識。人們往往稱之為**交叉思考——將兩種看似不相干的觀念結合成具開創性的新意**。另一方面，兩種不相干行業的交集也能帶來靈感。

一個較近期的例子是銀行自營的咖啡廳。職場調查經常發現，白領員工對這種咖啡廳風潮的評價很高，尤其能用來緩解遠端工作的孤獨感。同時，儘管線上銀行工具日益精進，但大多數人仍偏好當面向人類專家諮詢財務問題。

> 探索不同市場與行業的交集，或許有助你發現非顯見的解方或點子。

這類風潮的匯流,使幾間大型銀行開始在世界各地投資一百多家,一半是銀行、一半是咖啡廳的銀行咖啡廳。

　　這類咖啡廳能成功,是因為符合人們的多樣需求,使人儘管身在一地,卻能同時處於數種社會趨勢的匯集中:既是人際連結的地方,也是遠端工作的地點,還提供了面對面專業財務諮詢的機會。

　　尋找交集,能協助你找出思維中的轉折點,邁向比個別成分更好的全新結合方向。

如何交叉思考？

「他們」會怎麼做？

在非顯見思維工作坊中，我們有時會要參與者想像自己身在不同組織，要為其解決問題。如果你在美國國家航空暨太空總署工作的話，會如何看待問題？如果你是數據分析師的話呢？或是行銷主管？

當你必須為某個問題提出新解方，這種方式或許能協助你設身處地，想像他人會如何解決問題或做出回應。接著，找出他們的方法與你的方法之間有何交集。

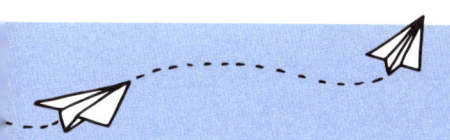

跟著趨勢走

讀到趨勢這個詞時,你可能不禁想成,它僅是用來描述個人行為或更廣泛的文化如何產生轉變。趨勢確實是在描述這類變化,但往往也透露了某種交集。

出現在兩份不同報告或產業中的趨勢,是否有共通之處?

將兩者擺在一起是否能啟發任何新點子?

使用趨勢的一個聰明辦法是,透過趨勢所描述的文化轉變,來激發你產生新點子與新交集。

觸類旁通

逆向思考

尋找選項 C

研究謎題

對立思維

交叉思考

創造自己的密語

24

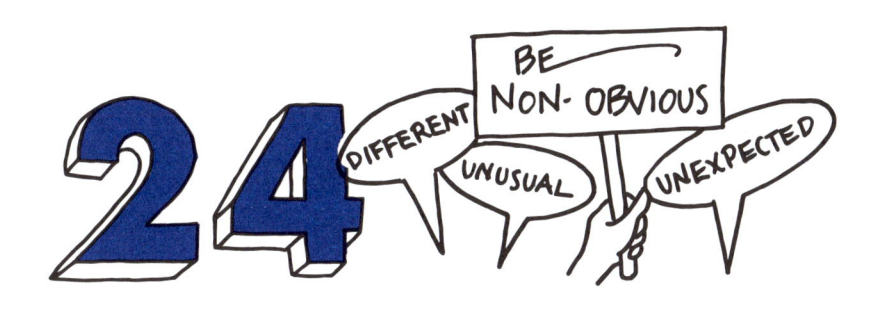

創造自己的密語

在向奇異公司（General Electric）進行一項大提案的前一晚，著名的BBDO廣告公司前執行長菲爾·杜森貝瑞（Phil Dusenberry）坐在計程車裡。

他的團隊要為那個大品牌提出一句品牌標語，成為其全球新廣告活動的一部分。迄今他們所想出的最佳宣傳語是：「我們的產品使生活更美好。」但這標語似乎不夠好。

那晚，杜森貝瑞想出了更好的宣傳語。隔天提案時，他的團隊提出了修改後的品牌標語：「通用電子……帶來人生的美好」。

通用電子對這句宣傳語喜歡得不得了，所以使用了數十年，不僅成為其廣告的重心，更成為員工的加油口號、給股東的方針

聲明。廣告業也以諸多獎項認可它是歷來最經典的口號之一。

正確的用詞能改變人的感知。

這點之所以重要，是因為它們能啟發人心，甚至藉由驅使我們相信某件事或反對另一件事，而改變我們感知現實的方式。這就是為什麼，政治家及其顧問要大費周章地把訊息壓縮成幾個字，尤其到了選舉季節。

> 你的用詞有助於突出你的非顯見點子，也能使你的點子淪落為乏味、顯而易見的陳腔濫調。

如果你希望讓自己的點子更挑動人心，成為令人難忘的非顯見點子，你選擇用哪些詞來描述這些點子，就至關緊要。好消息是，要做到這點，你不需要成為世界級的廣告執行總裁，只要從像個語言學家般思考開始。

有些詞一開始是密語，是某個特定團體所使用的術語或行話，後來卻進入了主流文化。密語（argot）這個法國詞彙，起初是用來描述竊賊與流氓的黑話，但後來逐漸演化為，任何次文化成員之間的共通語言。

電腦駭客有自己的密語，高中學生和專業運動員也有自己的密語。聆聽並瞭解這些密語，能協助你理解一個群體。

創造自己的密語，可以強而有力地界定點子的獨特性，協助

人們理解、結緣,並在你的人和點子周圍形成一個社群。

　　許多傳奇性樂手就是以這種方式成為大師的。泰勒絲（Taylor Swift）有自己的泰粉（Swifties）,碧昂絲（Beyoncé）有自己的碧巢（Bey Hive）。死之華（The Grateful Dead）樂團一向有自己的死頭（Deadheads）,對每個團體成員而言,這些名稱已成為其粉絲身分的一部分。

　　本書與我們的共同哲學也是這類例子,展現了特意選用密語的力量。我們希望世上出現更多「非顯見」思維,而「非顯見」就是我們選用來描述這種思維的詞彙與品牌名。我們撰寫本書的理由在此。

如何創造自己的密語？

像醞釀標語般思考

要突顯你的點子有何獨特之處，一個方法是如醞釀標語般思考，總結概念時力求簡潔。

以三言兩語來傳達一件本來感覺錯綜複雜的事，可引領你發展出令人琅琅上口的密語。

好萊塢行銷人員是這方面的高手。舉例來說，《侏儸紀公園》（*Jurassic Park*）的海報將該片形容為「一場醞釀六千五百萬年的冒險」，完美道出了這部史上最著名的動作冒險片的內容。

轉折語

請以尋找現存字詞的轉折點為起點，傳達你的原創點子，進而打造自己的密語。

幾年前羅希特就寫過，今日人們已不再相信過於十全十美的表面，反而相信起有瑕疵的事物。

購買其貌不揚但美味不減的所謂「醜」水果，或是比薩斜塔經久不衰的魅力，都是這種法則運作的例子。

他將這股趨勢稱為「非完美」（unperfect），不使用現存詞彙「不完美」（imperfect）。這個小變化表現出其概念的獨特微妙之處——使其變得難忘。

自信是相信你本身。
把握是相信你的信念。
自信是一座橋。
必然是一道路障。

——凱文・艾希頓（Kevin Ashton），
《如何讓馬飛起來》（*How to Fly a Horse*）作者

結語

2012年,一支澳洲科學團隊的探勘船,航向昆士蘭東方一千一百公里處,尋找一座名為珊迪島(Sandy Island)的島嶼。到了該處後,卻有了個驚人的發現:珊迪島並不存在。

科學家來到所有百年來的現代地圖,與全球定位系統所顯示的位置,尋找這座長二十四公里的橢圓型島嶼。它甚至也出現在 Google Maps 上。

但在那座島嶼應該豎立的地方,卻僅有一千四百公尺深的海水,方圓幾哩內都沒有可見的陸地。這座島不存在的消息公諸於世時,掀起了一連串的揣測與陰謀論。

難道珊迪島是另一座亞特蘭提斯（Atlantis）？又或是一座祕密軍事基地？還是發生了某個災難性事件，導致整座島沉沒？

隨著時間過去，最廣獲接納的是一個沒那麼戲劇性的說法：這座島一開始就不存在。

它之所以會出現在地圖上，純粹是海上的測量失準，加上有些船長待在海上太久，產生幻想所致，但這種一廂情願的幻想，卻傳承了好幾個世代。一直到有人想證實是否真有這座島，卻發現子虛烏有後，那遲來甚久的真相才被揭露。

證實珊迪島並不存在後，Google 官方將這座島從地圖上移除。其他地圖也紛紛跟進。人類史書上很少有人討論**「非發現」**（undiscovery）的概念，但也許早該有人這麼做。雖然這類非發現極為罕見，但上述的地理修正喚醒了公眾的想像力，讓人禁不住去想，也許這整個世界也不是我們所想像的樣子。

如果一個多世紀以來都被認為確實存在的島嶼，最後卻證明是烏有之地，那是否還有其他關於事物如何運作的成見，迄今人們仍未發現是根深蒂固的錯誤？

{ 非顯見思考往往需要質疑我們已知的事物，進而改變並拓寬觀點。 }

每個人的心智地圖都有一座珊迪島。**我們的挑戰在於發現（有時是非發現）其真正的樣子，選擇正視真相。**

蘇格蘭格拉斯哥大學學者在近年編纂的一部蘇格蘭語辭典中，蒐羅了四百多個形容雪的詞彙，包括「flindrikin」（小陣雪）、「skelf」（大雪花）等。

不過，被蘇格蘭小陣雪困住有趣的地方在於，你並不是靠 flindrikin 這個詞來體驗雪。也沒有哪兩個雪花長得一模一樣⋯⋯就算其中一個碰巧是大雪花。

語言、文化、信仰等事物，永遠能使我們看見自己與他人體驗之間的分歧。但如果我們深入探索，在這些表面的差異底下，使我們彼此接近的理由卻更多。

打開心房接納其他觀點，需要你拿出勇氣。選擇與不同於自己的人來往，或從你如數家珍的媒體之外尋找資訊，也同樣需要勇氣。本書的首要重點，正在於解放你內在的心智勇氣，洞察別人所忽略的事物。

這正是非顯見思考者的做法。而世上如我們一般的非顯見思考者愈多，人類的未來就愈美好。

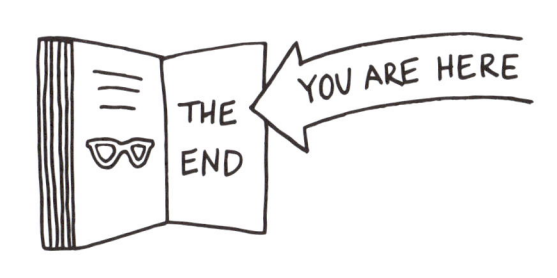

建議參考書單

我們合著本書時,也回顧了自己的書架,找出曾給予我們最大啟發的點子。

以下幾頁是我們精心挑選的書單,收錄了多年來我們最推薦他人閱讀的書籍。在你邁向非顯見思考者的旅途中,我們希望這份書單能成為你的明燈,持續引導你增強技能與知識。而實現這個目標最理想的辦法之一,就是多讀書(編按:有些書並未有繁中版,故以原文書名呈現,以便讀者查詢)。

Space

START WITH BREATHING

Breath by James Nestor
Everyday Dharma by Suneel Gupta
Just Breathe by Dan Brulé

Persuadable by Al Pittampalli
I Never Thought of It That Way by Mónica Guzmán
Thinking 101 by Woo-Kyoung Ahn

DITCH YOUR PREBUTTALS

MAKE OASIS MOMENTS

Quiet by Susan Cain
Digital Minimalism by Cal Newport
The Trickster's Hat by Nick Bantock

Antifragile by Nassim Nicholas Taleb
Range by David Epstein
Messy by Tim Harford

EMBRACE DANGER

CHANGE YOUR RITUALS

The 5 Second Rule by Mel Robbins
Tiny Habits by BJ Fogg
The Ritual Effect by Michael Norton

ALLOW TIME SPACIOUSNESS

Imaginable by Jane McGonigal
Your Brain on Art by Susan Magsamen and Ivy Ross
The Long Game by Dorie Clark

參考書單

Insight

Stop Asking Questions by Andrew Warner
Talk to Me by Dean Nelson
You're Not Listening by Kate Murphy

What Every Body Is Saying by Joe Navarro and Marvin Karlins
The Power of Nunchi by Euny Hong
How Work Works by Michelle P. King

Shop Class as Soulcraft by Matthew B. Crawford
Why We Make Things and Why It Matters by Peter Korn
The Design of Everyday Things by Don Norman

What's It Like to Be a Bird? by David Allen Sibley
Sentient by Jackie Higgins
Nature's Wild Ideas by Kristy Hamilton

The Art of Gathering by Priya Parker
Belong by Radha Agrawal
The 2-Hour Cocktail Party by Nick Gray

The Light We Give by Simran Jeet Singh
Don't Label Me by Irshad Manji
Blindspot by Mahzarin R. Banaji and Anthony G. Greenwald

Focus

The Ministry of Common Sense by Martin Lindstrom
The Formula by Albert-László Barabási
Upstream by Dan Heath

IDENTIFY THE REAL PROBLEM

DISCOVER THE WATER

The Trend Forecaster's Handbook by Martin Raymond
Peak Mind by Amishi P. Jha
Stolen Focus by Johann Hari

BE A SATISFICER

The Paradox of Choice by Barry Schwartz
Essentialism by Greg McKeown
The Laws of Simplicity by John Maeda

Six Thinking Hats by Edward de Bono
True or False by Cindy Otis
The Sum of Us by Heather McGhee

SEE THE OTHER SIDE

Subtract by Leidy Klotz
Steal Like an Artist by Austin Kleon
Digital Minimalism by Cal Newport

ADD CONSTRAINTS

USE AUGMENTED CREATIVITY

The Artist's Way by Julia Cameron
How to Fly a Horse by Kevin Ashton
The Back of the Napkin by Dan Roam

參考書單

Twist

Flip Thinking by Berthold Gunster
Alchemy by Rory Sutherland
Loonshots by Safi Bahcall
Originals by Adam Grant

SEEK FLIP SOLUTIONS

FIND OPTION C

The Black Swan by Nassim Nicholas Taleb
Factfulness by Hans Rosling, Anna Rosling Rönnlund, and Ola Rosling
Hooked by Nir Eyal

PRACTICE ENIGMATOLOGY

Beyond the Map by Alastair Bonnett
Solve for Happy by Mo Gawdat
Think Like a Freak by Steven D. Levitt and Stephen J. Dubner
Humankind by Rutger Bregman
The Power of Onlyness by Nilofer Merchant
The Medici Effect by Frans Johansson
The Secret Lives of Color by Kassia St. Clair
The Righteous Mind by Jonathan Haidt
Junior by Thomas Kemeny
Words That Work

THINK UN-WHATEVER

MIND THE INTERSECTIONS

CREATE YOUR ARGOT

by Dr. Frank Luntz
Word by Word by Kory Stamper

非顯見注釋

　　本書充滿了各式各樣的故事。有時你或許會發現某個部分特別引人入勝,想進一步瞭解。然而,我們不想寫成常見的高中參考書目格式,而是選擇寫註釋來滿足最好奇的讀者。

　　在本節中,你會發現每個故事的更多背景資料,並附上可以讓你進一步閱讀並瞭解的鏈結或資源。

　　非顯見思考者是提出問題的人,如果本書激發了你心中的新問題⋯⋯我們希望本節能協助你找到些許答案!

14　福斯貝里跳：要充分瞭解整個故事，可見奧運官方 YouTube 頻道的影片：https://youtu.be/CZsH46Ek2ao。

24　過去十年來最有影響力的書籍清單：2019 年末，在新的十年即將展開之際，CNN 編纂了一份過去十年來最有影響力的書籍清單，完整書單在此：https://www.cnn.com/2019/12/30/entertainment/decades-most-influential-books-trnd/index.html。

30　「呼吸有很多方法，就像食物一樣五花八門」：見 James Nestor, *Breath: The New Science of a Lost Art* （Riverhead Books, 2020），pg. xvi, Introduction。中譯本：詹姆斯．奈斯特，《3.3 秒的呼吸奧祕：失傳吐納技法與最新科學研究的絕妙旅程》（大塊，2021）。

42　內向者與外向者的一大關鍵區別：請見 Susan Cain, *Quiet: The Power of Introverts in a World That Can't Stop Talking* （Crown, 2012）。中譯本：蘇珊．坎恩，《安靜，就是力量：內向者如何發揮積極的力量》（遠流，2019）。

48　研究者對這種矛盾提出的解釋很有趣：「遊園地」的故事是本章提到的那部紀錄片的主題，網路上也有數篇討論文章。要進一步瞭解遊園地，2014 年 4 月發表在《大西洋》（*The Atlantic*）雜誌的文章（被過度保護的孩子）（"The Overprotected Kid"）是理想的出發點，全文在此：https://www.theatlantic.com/magazine/archive/2014/04/hey-parents-leave-those-kidsalone/358631/。

49　習慣使用 GPS 導航已經對我們的空間記憶造成了負面影響：露易莎．達瑪妮（Louisa Dahmani）與維若妮卡．D．波伯特（Véronique D. Bohbot）發表於 2017 年的這篇研究文章，名為〈習慣使用 GPS 對自行認路者的空間記憶具有負面影響〉（"Habitual Use of GPS Negatively Impacts Spatial Memory during Self-Guided Navigation"），其中概述人們對 GPS 的過度依賴，對其空間記憶所造成的負面影響。原始研究詳見：https://doi.org/10.1038/s41598-020-62877-0。

54　改喝茶，不喝咖啡：「chai」在印度語中意指「茶」，因此被廣泛誤用的「chai tea」一詞是不必要的重複與錯誤。

54　每天早上換一種水果吃，連續一個月：請見 *TIME*, May 22, 2014. "10 Questions with Ferran Adrià." https://time.com/108688/10-questions-with-ferran-adria/。

56　讀《詩歌》雜誌網站的「每日一詩」：《詩歌》雜誌的每日一詩網址：https://www.poetryfoundation.org/poems/poem-of-the-day。

57　想想自助大師梅爾．羅賓斯的建言吧：請見 Mel Robbins, *The 5 Second Rule: Transform Your Life, Work, and Confidence with Everyday Courage* （Savio Republic, 2017）。中譯本：梅爾．羅賓斯，《五秒法則行動筆記的力量：倒數 54321，GO！超效計畫每一天》（采實，2019）。

60　達到百億美元以上的票房：本書所引用的卡麥隆電影票房估計，來自電影網站 Screenrant.com：https://screenrant.com/james-cameron-highest-grossing-director-avatar-prediction-when/。

61　「感覺放鬆並擁有力量，相信自己有足夠時間去做真正重要的事」：請見 Jane McGonigal, *Imaginable: How to See the Future Coming and Feel Ready for Anything*──

非顯見註釋

Even Things That Seem Impossible Today（Spiegel & Grau, 2022），pg. 8。

67 「你比自己以為的更美麗。」：多芬的「真美素描」廣告在 2013 年推出一個月後，就締造了五千萬人次的瀏覽紀錄，成為當年最多人分享的影片。更多關於這支廣告的訊息與原始影片，請見：https://www.dove.com/us/en/stories/campaigns/real-beauty-sketches.html。

71 數十年來以她的方法啟發了諸多新進記者：蘿倫・克林哲（Lauren Klinger）在 2015 年為非營利新聞學組織波因特學院（The Poynter Institute）所寫的一篇文章中，描述過這些說故事方法，請見：https://www.poynter.org/newsletters/2015/dont-be-boring-and-6-other-interviewing-tips-from-jacquibanaszynski/。

77 眼勢：更多關於如何練習眼勢的資料，請見 Euny Hong, *The Power of Nunchi: The Korean Secret to Happiness and Success*（Penguin Life, 2019）。

77 閱讀空氣：除了可參考幾篇日翻英的好文章之外，BBC 也有一篇英語文章，充分描述了這個概念：https://www.bbc.com/worklife/article/20200129-what-is-reading-the-air-in-japan。

80 選戰的轉捩點：要進一步瞭解尼克森與甘迺迪的辯論，以及選民如何看待其角色的身體語言，國家憲法中心（National Constitution Center）的這篇文章是不錯的資源：https://constitutioncenter.org/blog/the-debate-that-changed-the-world-of-politics。

83 「我們很爛，原因何在？」：關於這場會議與其後的發展，請見此文：https://fortune.com/2023/09/07/uber-ceo-drive-deliver-why-we-suck/。

89 白蟻丘：白蟻丘的形成，是大自然運作的一個迷人的例子。關於其如何成形，請見：https://seas.harvard.edu/news/2019/02/how-termite-mounds-get-their-shape。

89 自我通風建物：關於這棟建築的完整故事及研究資料，可見米克・皮爾斯的官方網站：https://www.mickpearce.com/Eastgate.html。

90 仿生學：更多關於大自然所啟發的人類新意，請見以下網頁：https://cosmosmagazine.com/technology/10-technologies-inspired-by-nature/。

95 一小群科學家與思想家擠在聖塔莫尼卡的一間不起眼飯店的房間裡：2012 年，《連線》（*Wired*）雜誌邀請十二位曾確實參與那場聚會的參與者，請他們坦白道出對這場「點子高峰會」（後人所稱）的回憶。訪談文章在此：https://www.wired.com/2012/06/minority-report-idea-summit/。

102 「同理心引擎」：這個詞如今已被廣泛用來描述虛擬真實科技的潛能。一般咸認這個詞彙來自沉浸式說故事者克里斯・米爾克（Chris Milk），他在其 2015 年的 TED 演講中使用過該詞。請見演講影片：https://www.ted.com/talks/chris_milk_how_virtual_reality_can_create_the_ultimate_empathy_machine。

105 弱連結：這個詞彙是來自「弱連結理論」——社會學家馬克・格蘭諾維特（Mark Granovetter）在其 1973 年的〈弱連結的優點〉（"The Strength of Weak Ties"）一文中提出的概念。該理論主張，在發掘新點子、尋找下一份工作等情境下，你平時社交圈之外的熟人可能遠比你的密友與家人形成的小圈子更有幫助。自該理論首次提出的五十多年來，多份研究也得出同樣的結論。

108 大馬士革玫瑰精油：欲深入瞭解土耳其農人如何採收玫瑰油，可參見 Stories + Objects 網站上的一篇訪談，土耳其伊斯帕爾塔（Isparta）玫瑰採收者厄森葛兒·亞提索伊（Esengül Artisoy）在其中談到收成季的每日工作。詳見：https://www.storiesandobjects.com/blogs/stories/a-turkish-rose。

109 沃特福水晶廠學徒訓練：沃特福水晶廠的官方網站，是瞭解這段八年學徒訓練制的最佳去處，其中還可見到所有學徒所製作的著名沃特福水晶碗。https://www.waterford.com/en-us/discover-waterford/the-waterford-story/craftsmanship。

114 「形塑現代經濟的五十大發明」：關於奧的斯與他在 1853 年萬國博覽會中的展示，網路上有許多描述，也出現在多部出版品中。另亦收錄於提姆·哈佛德（Tim Harford）的傑出著作《形塑現代經濟的發明》（*Fifty Inventions That Shaped the Modern Economy*）第二十二章。該書於 2017 年由 Riverhead Books 出版。中文版由木馬出版（2023）。

116 百視達為一支晚歸還的錄影帶收他四十美元的費用：網路上有人爭辯這個故事的真假。網飛共同創辦人馬克·藍道夫（Marc Randolph）曾說是純屬虛構，哈斯廷本人則對此迴避不談。他可能確實曾有晚歸還錄影帶而被多收取費用的挫折經驗（對年紀大到記得百視達的人來說，這類經驗不少見！），我們相信這是啟發網飛企業模式的諸多因素之一，因此選擇將這個故事納入本書。相關資料請見：https://www.cnbc.com/2017/05/23/netflix-ceo-reed-hastingson-how-the-company-was-born.html。

117 「五個為什麼」方法：這種方法孕育自製造業，且今日的美國品質協會（American Society of Quality）等組織仍會採用這種方法，認為這是一種辨識與解決流程問題的可行技巧。請見這篇介紹：https://asq.org/quality-resources/five-whys。

119 適居帶：又稱古迪洛克帶（Goldilocks zone），這是華裔美籍天體物理學家黃授書（Su-Shu Huang）在 1959 年首度提出的理論。更多說明請見：https://www.scientificamerican.com/article/life-outside-the-solar-system/。

125 大多數人不是「最大化者」就是「滿足者」：本章引文皆來自貝瑞·史瓦茲（Barry Schwartz）的《選擇的弔詭》（*The Paradox of Choice*, Ecco, 2004）。中文版由一起來出版（2023）。

131 鴨子還是兔子：這張圖像在哲學和心理學中已是傳奇圖像，在首次面世以來的一個多世紀中，經過無數實驗的使用。很多畫師也描繪過多種版本，而這類圖像最常用來證明哲學家所說的「面向感知」（aspect perception），即同一件事從不同角度觀察，可獲得不同感知。

132 在復活節前後，看到兔子的人會變多：關於這個研究及使用此圖像的其他研究，請見這篇文章：https://www.independent.co.uk/news/science/duck-and-rabbit-illusion-b1821663.html。

132 「魔眼」書系：1991 年，工程師湯姆·貝賽（Tom Baccei）與 3D 藝術家雀里·史密斯（Cheri Smith）及程式設計師鮑伯·索黎茨基（Bob Salitsky）合作創造出第一部「魔眼」3D 幻象系列，並在 1990 年代初造成一股全球風潮，啟發了《紐約時報》書榜上的一系列暢銷書。關於此系列的歷史，可參見以下不常更新但仍在運作的網站：https://www.magiceye.com/about/。

非顯見註釋

138 「讓小學一年級生不忍釋卷」：Biography. com. 的作家側寫描述了蘇斯博士接下挑戰，以限定字數寫書的故事。請見全文：https://www.biography.com/authors-writers/dr-seuss-green-eggs-and-ham-bet。

139 「剪刀繪畫」：關於馬諦斯這個生涯階段的細節，紐約現代美術館（Museum of Modern Art）2015 年的展覽說明是一個理想起點：https://www.moma.org/calendar/exhibitions/1429。

139 公認史上最佳的電玩遊戲原聲帶之一：2023 年，超級瑪利歐兄弟的主題音樂入選美國國會圖書館的「全美錄音登記簿」（National Recording Registry），成為第一首入選的電玩原聲音樂。《華爾街日報》（*Wall Street Journal*）記者班‧科恩（Ben Cohen）曾撰文追溯作曲家近藤浩治是如何面對並克服其創意限制，全文請見：https://www.wsj.com/articles/super-mario-bros-music-koji-kondo-a74ce7d9。

141 使用淺白的語言：在政府與企業中使用更淺白的語言，已成為今日的一種全球運動。羅希特擔任「淺白語言中心」（Center for Plain Language）董事已有數年，此中心的目的是鼓勵更多組織簡化其溝通語言。淺白語言的哲學，也是我們撰寫本書的原則之一。

143 「笑盒」：更多關於查理‧道格拉斯的描述，以及「笑盒」的實際圖像，請見這篇文章：https://www.theverge.com/2013/12/13/5207136/Charley-Douglass-laff-box-laugh-track。

150 「旋風分離器」：戴森公司網站上有一篇文章，述說了旋風分離器的來龍去脈，以及其如何啟發了詹姆士‧戴森發明自己的迷你分離器。全文請見：https://medium.com/dyson/in-theeye-of-the-vortex-that-keeps-dysons-world-spinning-3ab390cf0363

156 「翻轉課堂」：哈佛大學的博克教學中心（The Derek Bok Center for Teaching and Learning）是瞭解翻轉課堂的有用指南，並提供了若干可下載的資源，請見：https://bokcenter.harvard.edu/flipped-classrooms。

159 付四千美元請員工離職：《哈佛商業評論》（*Harvard Business Review*）有一篇文章，為 Zappos.com 付錢請員工離職的獨特方針提出了有用的分析與細節，說明當時的執行長謝家華（Tony Hsieh）是如何持續提高這筆離職金。文章請見：https://hbr.org/2008/05/why-zappos-paysnew-employees。

161 根里奇‧阿奇舒勒：阿奇舒勒及其亞塞拜然發明創意公共機構的故事，主要取自帕岡‧甘迺迪（Pagan Kennedy）在《發明學，改變世界》（*Inventology: How We Dream Up Things That Change the World*, Eamon Dolan/Houghton Mifflin Harcourt, 2016）一書中的研究與分享。中文版由木馬出版（2016）。

162 威廉‧布勞爾：關於木工藝家布勞爾致力於設計並推出蒲團床墊的完整故事，以下資料有詳細說明：https://www.futon.org/。

165 混種出版：美國獨立圖書出版商協會（Independent Book Publishers Association, IBPA）為混種出版提供了極佳的介紹，並提出多數混種出版商所採用的產業綱領。請見摘要：https://www.ibpa-online.org/page/hybridpublisher。

205

167 謎題製作人威爾・秀茨：關於秀茨的生涯及其如何成為謎題大師的完整介紹，請見《紐約時報》2017 年的人物側寫：https://www.nytimes.com/2017/08/01/insider/will-shortz-a-profile-of-a-lifelong-puzzle-master.html。

168 滑板的發明：「滑板名人堂暨博物館」（Skateboarding Hall of Fame and Museum）網站有一篇關於史蒂文森的生平與作品的文章，詳細談到了他如何觸類旁通，首開先例地採用了下坡板，使滑板在全球竄紅。請見：https://skateboardinghalloffame.org/shof-2010/larry-stevenson-2010/。

170 時代啤酒高腳杯：更多關於金邊高腳杯的設計與思維，請見：https://www.stellaartois.com/chalice。

171 約翰・瓦勒：關於瓦勒如何發明迴紋針的故事，請見：https://www.thoughtco.com/history-of-the-paper-clip-4072863。

174 「世上最差勁的旅館」：最能說明漢斯布林克旅館的爆紅行銷廣告的描述，來自一本附有趣味插圖的書籍《世上最差勁的旅館：漢斯布林克旅館》（*The Worst Hotel in the World: The Hans Brinker Budget Hotel*, Booth-Clibborn, 2009）。

176 女性也喜愛機車：關於機車銷售焦點的轉移與女性機車車主的增長，請見這篇《騎士》雜誌（*Rider Magazine*）文章：https://ridermagazine.com/2018/12/04/motorcycle-ownership-among-women-climbs-to-19-percent/。

177 非乳製奶品的迅速崛起：關於非乳製奶品成長的最初銷售數據，請見：https://www.mordorintelligence.com/industry-reports/global-non-dairy-milk-market。

180 「中國傳統醫學給人類的一份禮物」：這段引文與屠呦呦的故事，取自諾貝爾獎網站的專題文章〈改變科學的女性〉（"Women Who Changed Science"），詳見：https://www.nobelprize.org/womenwhochangedscience/stories/tu-youyou。

181 銀行自營的咖啡廳：愈來愈多大型銀行選擇以自營品牌咖啡廳的獨特方式加強與客戶及潛在客戶互動。要進一步瞭解這項策略，請見：https://www.wsj.com/articles/want-somewhere-to-hang-try-the-cafe-run-by-a-bank-ff6f02ff。

185 「通用電子……帶來人生的美好」：這段故事取自菲爾・杜森貝瑞的回憶錄《洞人心弦》（*Then We Set His Hair on Fire: Insights and Accidents from a Hall-of-Fame*, Portfolio, 2005）。

191 珊迪島：社會地理學教授阿拉斯泰爾・邦尼特（Alastair Bonnett）的著作《不馴之地》（*Unruly Places: Lost Spaces, Secret Cities, and Other Inscrutable Geographies*, Houghton Mifflin Harcourt, 2014）的第一章，為這個故事提供了有趣的描述。

193 蘇格蘭語辭典：關於這些學者在編纂辭典過程中，還發掘了哪些最有趣的詞彙及其他關於雪的詞彙，請見這篇文章：https://edition.cnn.com/2015/09/23/europe/scots-more-words-for-snow-than-inuit/index.html。

HOW TO SEE WHAT OTHERS MISS

NON-OBVIOUS THINKING

OHDC0136

發掘洞見

《華爾街日報》NO.1 暢銷作者新作！
用 SIFT 破框思維，解鎖更多可能，發現新藍海

作　　　者：羅希特・巴加瓦（Rohit Bhargava）

　　　　　　班恩・杜龐（Ben Dupont）
譯　　　者：謝汝萱
責任編輯：林宥彤
封面設計：FE DESIGN
內頁排版：王信中

總 編 輯：林麗文
副 總 編：蕭歆儀、賴秉薇
主　　編：高佩琳、林宥彤
執行編輯：林靜莉
行銷總監：祝子慧
行銷經理：林彥伶

出　　版：幸福文化出版
地　　址：新北市新店區民權路 108-1 號 8 樓
粉 絲 團：https://www.facebook.com/happinessbookrep/
電　　話：(02) 2218-1417
傳　　真：(02) 2218-8057

發　　行：遠足文化事業股份有限公司（讀書共和國集團）
地　　址：231 新北市新店區民權路 108-2 號 9 樓
電　　話：(02) 2218-1417
傳　　真：(02) 2218-1142
電　　郵：service@bookrep.com.tw
郵撥帳號：19504465
客服電話：0800-221-029
網　　址：www.bookrep.com.tw

法律顧問：華洋法律事務所蘇文生律師
印　　刷：呈靖彩藝有限公司

初版 1 刷：2025 年 7 月
定　　價：380 元

國家圖書館出版品預行編目資料

發掘洞見：《華爾街日報》NO.1暢銷作者新作！用SIFT破框思維，解鎖更多可能，發現新藍海／羅希特・巴加瓦（ROHIT BHARGAVA）、班恩・杜龐（BEN DUPONT）著；謝汝萱 譯 -- 初版. -- 新北市：幸福文化出版社出版：遠足文化事業股份有限公司發行，2025.07
面；　公分
譯自：Non-obvious thinking : how to see what others miss
ISBN 978-626-7680-36-0 (平裝)
1 .CST：創造性思考　2 .CST：思維方法
176.4　　　　　　　　　　　114007041

Copyright © 2024 Rohit Bhargava and Ben Dupont

Published by special arrangement with Ideapress Publishing in conjunction with their duly appointed agent 2 Seas Literary Agency and co-agent The Artemis Agency

Printed in Taiwan　著作權所有侵犯必究
〔特別聲明〕有關本書中的言論，不代表本公司／出版集團之立場與意見，文責由作者自行承擔
*本書圖表均由作者授權幸福文化使用